La Autoconfianza Libro de Trabajo

Cómo superar la inseguridad, timidez y mejorar la autoconfianza.

Por

Taylor Knox

Derechos reservados © 2019

Todos los derechos reservados. Ninguna parte de este libro puede ser reproducida, almacenada o introducida en un sistema de recuperación o transmitida de ninguna forma, ni por ningún medio, ya sea electrónico, mecánico, fotocopia, grabación u otro tipo. Excepto en breves referencias en reseñas impresas, sin previa autorización por escrito del autor.

Tabla de Contenido

Introducción	4
Capítulo Uno	7
¿Qué es la autoconfianza?	7
Capítulo Dos	16
El Mundo No Quiere Que Seas Tú Mismo	16
Capítulo Tres	21
La Autoconfianza es una Habilidad	21
Capítulo Cuatro	26
Como Construir la Autoconfianza	26
Capítulo Cinco	34
Los Factores Que Afectan La Autoconfianza	34
Capítulo Seis	47
El Mejor Discurso Motivacional	47
Capítulo Siete	53
Sé Tu-único"	53
Capítulo Ocho	61

Autoconfianza al Hablar en Público	61
Capítulo Nueve	67
Aprender a interpretar el fracaso positivamente	67
Capítulo Diez	76
Todo comienza contigo	76
Capítulo Once	86
Capítulo Doce	96
Corre, Toma Agua, Duerme	96
Capítulo Trece	115
Poseer Más Cosas No Aumentará Tu Autoconfianza	115
Capítulo Catorce	124
La Excelencia es Clave	124
Capítulo Quince	132
Practica el Auto-Perdón	132
Capítulo Dieciséis	139
Conclusión	143

Introducción

Si existe una herramienta que necesitas para sobrevivir en la vida y vivir exitosamente entre otros humanos, es el poder de creer en ti mismo y tus habilidades. Muchas de las dificultades en la vida podrían ser superadas si tan solo las personas supieran lo poderosas que son y como tienen la capacidad de hacer cualquier cosa que sea mentalmente programado.

La falta de autoconfianza en las personas es un fenómeno social a nivel mundial que ha empezado a atraer masivamente la atención porque muchas personas se han dado cuenta lo efectiva que la autoconfianza resulta para resolver los diferentes problemas del diario vivir. A las personas que admiramos y que deseamos ser como ellos, son aquellas que tienen la suficiente confianza para vivir la vida que deseamos y nos podemos convertir como ellos, o incluso ser mejor, si programamos nuestra mente para eso.

Tu estas a un paso de convertirte en la persona que deseas ser, pero el problema es que la persona promedio rara vez actúa; en lugar de actuar solo esperan y desean que lo que ellos quieren se cumpla, pero si no pasa se deprimen. Pero la vida no funciona de esa manera. Todo lo que necesitas está disponible si tú te mentalizas a no ser lo que estadísticamente se llama "persona promedio".

Necesitas ser determinado al darle a tu vida el significado que tú quieres que tenga y el primer paso que debes tomar es construir tu autoconfianza.

Cuando tú crees que eres capaz de alcanzar cualquier meta y convertirte en la persona que quieres ser, nada puede detenerte.

Tú te harás cargo de tu propia vida. y así es como debería ser.

Si elegiste este libro es porque tu nivel de autoconfianza es bajo y quieres aumentarlo, o porque tú no tienes suficiente autoconfianza, tú has hecho una de las mejores cosas que puedes hacer por ti mismo. Si tienes un problema y no te das cuenta de que realmente es un problema, el problema permanecerá. Pero cuando tú reconoces que no estás tomando en cuenta todo tu potencial, ahí es cuando tomas el reto de hacer algo al respecto.

A través de los capítulos de este libro, yo te guiaré por el camino de la autoconfianza. Sí, es un camino porque la autoconfianza no sucede de la noche a la mañana. Yo tengo la pasión de ver a las personas creer en ellas mismas e ir por el mundo demostrando de qué están hechos. Y yo sé que, por la virtud de haber elegido este libro, tú tienes la voluntad de convertirte en el tipo de persona que yo amo ver.

Entonces, cuando mi pasión se encuentra con tu voluntad, nos desharemos de tu baja autoestima y lograremos transformar tu mente. Yo le llamo a éste el libro de trabajo de la autoestima porque en el proceso estarás haciendo ejercicios prácticos. Al final de cada capítulo, encontrarás afirmaciones de confianza que te dirás a ti mismo en voz alta. Tú harás eso y otros ejercicios del libro. Y para cuando llegues al último capítulo estarás fascinado de la persona en la que te habrás convertido.

Capítulo Uno

¿Qué es la autoconfianza?

Cree en tu potencial infinito. Tus únicas limitaciones son aquellas que tú te auto impones.

—Roy T. Bennett

La autoconfianza, como ha sido mencionada en el capítulo de introducción, es el acto de creer en ti mismo y en tus habilidades; y la satisfacción que trae de saber que tú eres digno de amor y respeto. Existe una pequeña diferencia entre confianza y autoconfianza. Cualquiera puede tener confianza, especialmente, si es temporal, si existe una motivación externa que los haga creer que ellos pueden vencer todo aquello a lo que temen.

Por ejemplo, si tú tienes miedo de pararte en un escenario y dar un discurso, en la presencia de, digamos 500 personas, un amigo o alguien de confianza, puede darte las palabras de ánimo que te darán la confianza necesaria para subirte a ese escenario y dar el discurso sin parpadear. En esa situación, ese amigo tuvo la habilidad para convencerte que eres capaz de hacerlo, y te dijo algo que te ayudó a aumentar tu confianza en esa ocasión. Pero son altas las probabilidades de que al finalizar el discurso y regreses a casa seas la misma persona que eras antes, la persona que no creía que era capaz de dar el discurso exitosamente sin ponerse nervioso por el público. Eso es lo que pasa cuando la confianza proviene de una fuente externa.

Por otro lado, una persona con autoconfianza tiene todo el empuje y la toda la convicción que necesita para creer que puede hacer todo lo que se proponga. Si ponemos a una persona con autoconfianza en el mismo escenario que recién utilizamos, esa persona no dejaría que nadie supiera que tiene la más mínima duda de dar el discurso exitosamente.

Ten en cuenta, que una persona con autoconfianza también tiene dudas y miedos, pero existe una diferencia. La diferencia está en el hecho que una persona con autoconfianza conoce su valor y éste no depende de su desempeño al momento de dar un discurso y por eso es por lo que pueden presentar su discurso sin miedo ni fallos.

Exploremos las características de las personas con autoconfianza:

- **Ellos conquistan sus miedos**: las personas con autoconfianza, como cualquier otro ser humano, también tienen miedos. Pero no dejan que sus miedos controlen su vida. Ellos son conscientes del hecho de que los miedos tienen la capacidad de paralizar sus vidas y en lugar de ser controlados por sus miedos, las personas con autoconfianza los ponen bajo control. Por es eso que usualmente se ven como que no tienen sus propios miedos.

El miedo es una fuerza poderosa que puede detener a las personas, no importando qué más tengan en sus vidas. Muchas personas se conducen por la vida con miedo y no son capaces de explorar todo su potencial. Pero como Marie Curie dijo "No hay nada que temer en la vida. Es para ser comprendida. Ahora es el tiempo para comprender más y así temer menos." Las personas con autoconfianza entienden este principio básico.

- **Ellos no están en negación:** las personas con autoconfianza nunca están en negación del hecho de que pueden fallar, lo cual es la razón por la que se preparan bien con suficiente tiempo. Luego, después de prepararse, hacen lo mejor que pueden. Ellos están satisfechos con su esfuerzo y creen que pueden hacerlo bien. Pero si por alguna razón su desempeño es menor que a sus expectativas, esto no afecta su autoconfianza ni la seguridad en sus capacidades. Ellos nunca asumen que las cosas irán de acuerdo con lo planificado. La vida no siempre será color de rosa, pero ellos la aceptan como es y la enfrentan.

- **Ellos tienen una autoestima saludable**: Las personas con autoconfianza no se dejan controlar por las circunstancias externas; al contrario, ellos colocan las circunstancias externas bajo control. Una persona con autoconfianza no necesita validación externa de su propio valor. Ellos están completos y conocen cómo tomar decisiones y comportarse. No buscan complacer a otros.

- Las personas con baja autoestima siempre sirven como un apéndice a la vida de otros. Ellos no tienen opiniones propias. Antes de emitir cualquier opinión, ellos miran a su alrededor para saber qué piensan las otras personas al respecto. La adulación es el pan de cada día para ellos. Pero las personas con autoconfianza nunca puede ser aduladores. Ellos tienen su propia mentalidad y forman sus opiniones independientemente de lo que otros piensan y dicen.

- **Ellos no son influenciados por tendencias:** Las personas con autoconfianza no hacen sus elecciones de vida y decisiones basadas en las tendencias. De hecho, muy pocas veces notan las tendencias. No sólo no notan las tendencias, tampoco piensan en unirse a una. Ellos tienen un hábito de moda estable que simplemente no concuerdan con la siguiente tendencia de moda simplemente porque una celebridad lo ha impuesto. Las personas con autoconfianza entienden la psicología detrás de la publicidad y no compran un producto solo porque tenga a una celebridad sonriente en un anuncio. Ellos hacen compras basados en la calidad de los productos y no se dejan llevar fácilmente por una etiqueta que diga Premium. Ellos no desean demostrar superioridad, ellos solo quieren vivir una vida normal y feliz.

- **Ellos no tienen miedo a estar solos:** Las personas con autoconfianza toman decisiones y se apegan a ellas sin importar si alguien más las apoya o no. Ellos no cambian sus decisiones para complacer intereses de otros, si esas decisiones son muy importantes para ellos. Cualquier cosa que una persona con autoconfianza haga es lo que ellos realmente quieren hacer y toman total responsabilidad del resultado final de sus decisiones. Sin embargo, esto no significa que no escuchen a sus amigos o personas a su alrededor. Ellos simplemente saben cómo establecer límites.

- **Ellos no se derrumban ante la presión:** Esta es la mejor parte de ser una persona con autoconfianza. Existe tanta presión en nuestra sociedad por ser alguien que tú no quieres ser. Las personas promedio hacen cosas que realmente no desean hacer solo por la presión ejercida por su familia, amigos e incluso extraños. Actualmente el internet no ayuda mucho en ese tema; existe una constante presión para que comas lo que todos comen, para que uses lo que todos usan y vayas a lugares a donde todos están yendo.

- Pero las personas con confianza saben que ellos no son cualquier persona y no se permiten a ellos mismos actuar o tomar decisiones basadas en circunstancias externas. Las personas seguras no sucumben ante la presión. Ellos hacen las cosas como ellos quieren y cuando ellos quieren, independientemente de lo que los demás están haciendo. Es por eso por lo que en muchas ocasiones les cuesta pertenecer a grupos sociales. Ellos tienen su propia mentalidad y piensan a su manera.

- **Ellos son seguros:** Las personas con autoconfianza son seguras. Ellos no asumen sin fundamentos. Ellos no envidian lo que otros tienen. Ellos se sienten cómodos en su propia piel y no les importa si la vida de otros es buena o mala. Una joven con autoconfianza no necesita que su novio le recuerde todos los días que es hermosa. Ella no necesita que otras personas la convenzan de que es suficientemente buena. Ella sabe todo eso y no necesita un recordatorio.

Afirmaciones de Confianza: Creo en mí y en mi capacidad de hacer lo que sea que me proponga. Soy el amo de mi vida. Confío en mí.

Capítulo Dos

El Mundo No Quiere Que Seas Tú Mismo

Porque uno cree en uno mismo, uno no trata de convencer a los demás. Debido a que uno está contento con uno mismo, uno no necesita la aprobación de los demás. Porque uno se acepta a sí mismo, el mundo entero a lo acepta a él o a ella.

—Lao Tzu

Como dice el dicho, nadie existe en una aspiradora. Nosotros somos animales sociales y necesitamos de otros humanos para sobrevivir y funcionar óptimamente. Como resultado nuestro comportamiento y actitud hacia la vida está condicionado por nuestro alrededor y experiencias diarias.

El medio ambiente tiene una gran influencia en nuestro comportamiento incluso antes de ser conscientes de este hecho. Y este requiere de un esfuerzo consciente para hacer la diferenciación entre lo que es originario de nosotros y lo que es producto de la influencia externa.

El hecho de que somos naturalmente susceptibles a las influencias externas nos dificulta ser nosotros mismos. De hecho, nosotros realmente no podemos saber quién somos, pues hemos sido influenciados desde nuestro nacimiento por la sociedad. Mucho de los problemas a los que nos enfrentamos en la vida son resultado del hecho que estamos constantemente peleando para colocar nuestra voluntad por encima de la voluntad colectiva. Desde el momento que nacemos, hasta el momento en que morimos, es tu voluntad en contra del de la sociedad.

La mala noticia es que a la sociedad le desagrada la individualidad. En cada sociedad humana el comportamiento colectivo es más aceptado que el comportamiento individual. Si tú estás viviendo distinto a como la persona promedio vive en la sociedad, serás llamado raro. Entonces, pareciera que es un tipo de trampa. Estamos atrapados en la telaraña de la sociedad y solamente la confianza nos podrá liberar de esa telaraña y podremos experimentar algo diferente. La sociedad no está estructurada de una forma que te ayude a construir la autoconfianza.

No ha existido otro momento para nosotros en el que ha sido tan fácil ser nosotros mismos a pesar de la sociedad, como lo es en el siglo veintiuno, se ha convertido algo extremadamente difícil. Actualmente es muy fácil para nosotros saber lo que las otras personas alrededor del mundo están haciendo, simplemente con iniciar sesión en internet o redes sociales.

Cuando ingresas a Instagram y ves lo que las celebridades están vistiendo, repentinamente sientes que tu guardarropa ya necesita una actualización. Las personas se sienten incómodas publicando una vestimenta en redes sociales; y debido a que quieren publicar fotos con regularidad y obtener reacciones de amigos virtuales, te ves forzado a continuar comprando cosas nuevas para impresionar a personas que no pagan tus cuentas.

La cultura popular, en general, es el principal catalizador de la conducta colectiva de la sociedad. Nuestras películas, música, juegos y los demás elementos de la cultura popular influencian, en gran escala, en la conducta de una persona promedio. Incluso en aspectos como la comida y la dieta, que debería de ser estrictamente una decisión personal, las personas comen lo que está de moda en lugar de lo que es saludable para ellas. Siempre hay una dieta o alguna otra tendencia que ni siquiera puedes comer un platillo regular sin sentir que estás fuera de moda.

Lo correcto raras veces parece bien cuando tú eres parte del pequeño porcentaje de personas haciéndolo. La mentalidad demócrata usualmente nos hace sentir que la mayoría lo está haciendo y que entonces debe ser correcto, pero la historia nos ha mostrado que lo que la mayoría hace no siempre es lo correcto que necesitas la autoconfianza para ser tú mismo a pesar de que la mayoría está en lo incorrecto. Necesitas destacarte para convertirte en alguien sobresaliente.

Cuando desafías las reglas no escritas de la sociedad y proyectas tu verdadero yo, obtendrás la admiración de muchos, porque la mayoría no podrán hacer lo que tú haces. Levántate y empieza a desafiar esas reglas ahora para convertirte realmente en quien deberías ser y más.

Afirmaciones de Confianza: Creo en mí y en mi capacidad de hacer lo que sea que me proponga. Seré yo mismo a pesar de lo que el mundo quiera que sea. Soy el amo de mi vida. Confío en mí.

Capítulo Tres

La Autoconfianza es una Habilidad

La vida no es fácil para ninguno de nosotros. Pero ¿y qué con eso? Nosotros debemos perseverar y sobre todas las cosas confiar en nosotros mismos. Debemos creer que fuimos dotados para algo y que eso a cualquier costo debe ser alcanzado.

—Marie Curie

Hay muchos factores que afectan y determinan qué tanta confianza tendrás en ti mismo y en tus habilidades. Con circunstancias favorables, te puedes convertir en una persona confiada en sí mismo desde temprana edad. Pero usualmente ese no es el caso. Lo que usualmente tenemos son adultos con falta de autoconfianza, es por eso por lo que la conciencia para desarrollar una autoestima saludable y confianza en sí mismo está en auge.

Sin embargo, ya sea que hayas nacido con autoconfianza o aun estés desarrollándola, no hay ningún problema. La autoconfianza es una habilidad y como cualquier otra habilidad, puede ser aprendida. Cualquiera puede llegar a tener confianza en sí mismo indistintamente de lo que le haya sucedido en el pasado. Las personas también pierden la autoconfianza, usualmente cuando algo drástico les sucede. Esto demuestra que raras veces la autoconfianza viene en bandeja de plata. A pesar de que nacemos con la capacidad de desarrollar la confianza en nosotros mismos, ésta debe ser nutrida y desarrollada.

El primer paso hacia la autoconfianza es darse cuenta de que es posible y luego creer en ti mismo, así como todas las personas que admiras, y poder llegar a tener confianza en ti mismo. Se requiere un esfuerzo consciente y si tú no sabes que tienes problemas de confianza no puede iniciar a hacer todo aquello que lleve al lugar de absoluta confianza en ti mismo y en tus habilidades.

Creo que usualmente escuchas decir a las personas "cómo CONSTRUIR la autoconfianza"; "cómo INCREMENTAR la autoconfianza" o "cómo

DESARROLLAR la autoconfianza". Lo que esto implica es que existe una acción o una serie de acciones que eventualmente te llevarán a la autoconfianza.

No puedes tener autoconfianza simplemente deseando que así sea. Esta es una habilidad que debe ser aprendida y que no solo ser deseada. Las personas con autoconfianza no tienen una mente perezosa. La decisión de convertirte en alguien con confianza en sí mismo empieza desde la mente. Si solo lo dices, como muchos expertos de autoayuda aconsejan sin realmente estar convertido en tu corazón que esto es lo que ahora quieres y estas listo para tomar acciones tus niveles de confianza van a permanecer en el mismo nivel que siempre ha estado.

Algunas personas están asustadas en el arte de desarrollar la autoconfianza porque creen que es inalcanzable y que es solamente para un grupo especial de personas. Si tú también piensas de esta forma, necesitas deshacerte de esta manera equivocada de pensar. Existen otros humanos como tú; la única diferencia es que ellos ya se han mentalizado en tener confianza en sí mismos y en sus habilidades y han trabajado duro para llegar a ese punto.

No, ellos no son super humanos y no hay nada de super humano en la autoconfianza. Si tu alguna vez has adquirido alguna habilidad en tu vida, te recordarás que requirió trabajo duro y no pasó de la noche a la mañana. Esos pasos que te ayudaron a aprender cualquier habilidad que hayas aprendido son los mismos que llevaran a desarrollar la autoconfianza. No hay ninguna magia detrás de ello. Es por eso que la autoconfianza y la pereza son mutuamente excluyentes. Las personas perezosas prefieren permanecer en el nivel en el que están en lugar de tomar acción para desarrollar la autoconfianza.

Para esta travesía personal de autoconfianza, me gustaría que te deshagas de cualquier idea graciosa que puedas haber tenido en tu mente acerca de lo que se requiere para convertirte en alguien con confianza en sí mismo. Si alguna vez has creído que esto va más allá de ti, quiero que cambies esa creencia en este momento antes de continuar con el próximo capítulo. Quiero que aceptes que si cualquiera que tú conoces puede tener autoconfianza tú también puedes. después de que tú crees, puedes continuar con el siguiente capítulo en donde te revelaré las cosas que necesitas hacer para convertirte en la persona confiada que siempre has querido ser.

Afirmaciones de Confianza: *Creo en mí y en la capacidad de hacer lo que sea que me proponga. Se que no hay nada que sobrepase mi capacidad de aprendizaje. Soy el amo de mi propia vida. Tengo confianza en mí.*

Capítulo Cuatro

Como Construir la Autoconfianza

Si uno avanza confiado en la dirección de sus sueños, y te esfuerzas en vivir la vida que te has imaginado, encontrarás el éxito inesperado en horas ordinarias.

—Henry David Thoreau

Ahora que has aceptado el hecho de que la autoconfianza se puede desarrollar, veamos las formas prácticas de construir la autoconfianza. Te daré paso a paso un enfoque que te dará los resultados que quieres si los sigues con diligencia. ¿Estás listo? ¡Vamos!

Paso 1. Determinación

Si has tomado la decisión acerca de convertirte en una persona que tiene confianza en sí mismo y en sus habilidades, para realmente puedas hacer cambios en tu vida, necesitas ser muy determinado. ¿Cuántas veces has tomado alguna decisión para hacer algo y luego arrepentirte y regresar a tus antiguos hábitos después de pocos intentos? es lo mismo para construir la autoconfianza. Cualquiera puede tomar una decisión de hacer algo, pero solo una persona determinada puede cumplir lo que se propone. Esto usualmente se debe a, como dice el dicho, no se aprecia lo que no cuesta. Cualquier cosa valiosa que quieras hacer en la vida, te costará algo.

Convertirte en una persona segura te costará tiempo, esfuerzo, fuerza y coraje y si no eres muy determinado regresaras a tus antiguos hábitos incluso antes de haber iniciado. La determinación evitará que veas las razones por las cuales debas abandonar tu travesía de la autoconfianza.

Paso 2: Aprendiendo de Personas Seguras

No hay casi nada que tú quieras hacer en la vida que alguien mas no haya querido hacer, pero a lo mejor en diferente forma. Aun cuando se trata de aprender cómo desarrollar la autoconfianza, tienes que ver a otras personas también. Esto no es muy difícil, y te enseñaré como hacerlo. Creo que tienes modelos a seguir y personas a quienes admiras y desea ser como ellos. Eso es bueno. Puedes empezar observando sus estilos de vida. Estudiar su biografía, leer sus historias, seguirlos en redes sociales, escucharlos. Su estilo de vida gradualmente empezaras a absorber, en el sentido que empezaras a enfrentar la vida con el mismo nivel de confianza que ellos transmiten.

Esto no significa que deberías copiar el estilo de vida de otras personas. Una persona segura de sí misma no imita a otras personas. La diferencia acá es que estas tratando de empezar y necesitar cierta dirección. Mientras tu observas el estilo de vida de las personas, admiras y te acostumbras a la autoconfianza que ellos tienen, tu inconsciente recibirá el mensaje y también empezará a demostrar confianza. Entonces, no imites; solo observa. Aprende y encuentra tu propio estilo.

Paso 3. Atacando tus Miedos

Cualquiera que carece de autoconfianza pierde muchas oportunidades en la vida porque no creen tener lo que se necesita para salir y hacer cosas. La única forma de superar tus miedos es enfrentarlos, y no es hasta que empiezas a confrontar esos miedos, que permanecerás en el mismo nivel que siempre has estado.

Para crecer, tienes que actuar y tienes que actuar ahora. ¿Cuáles son aquellas cosas que hacen latir tu corazón cada vez que las recuerdas? ¿Cuáles son aquellas cosas que deberías hacer pero que no has hecho porque crees que no eres lo suficientemente bueno? Te tienes que levantar ahora mismo y empezar a hacerlas. Quizá hayas escuchado que el coraje no es la ausencia del miedo sino la habilidad de hacer lo que tienes que hacer incluso cuando tienes miedo. No tienes que esperar ningún miedo porque ese momento nunca llegará.

Nadie carece de miedos en ningún momento de sus vidas. Incluso tus modelos a seguir y los grandes oradores tienen sus miedos, pero hoy en día escuchas sus nombres porque no permitieron que sus miedos determinaran sus acciones. Para convertirte en una persona segura necesitas levantarte y enfrentar tus miedos. De igual forma, ellos siempre estarán allí, no dejes que te detengan.

Paso 4. Práctica Constante

Todo aquello que repites una y otra vez, con el tiempo se convierte en un hábito y puedes empezarlo a hacer sin siquiera pensarlo. Lo mismo aplica para desarrollar la autoconfianza. Cuando has enfrentado tus miedos, debes repetir tus acciones una y otra vez hasta que se conviertan en un hábito. Generalmente, si repites la misma acción por lo menos durante 21 días, esto se convertirá en un hábito. Haz una lista de las áreas más importantes de tu vida que han quedado atrás por la falta de autoconfianza. Selecciona los ítems en la lista uno tras otro y practica cada uno de ellos por lo menos durante 21 días. Créeme, estarás sorprendido con el resultado que obtendrás. La repetición hace énfasis y cuando enfatizas tus habilidades sobre tus miedos, los reducirás y estarás a cargo de tu vida. Conquistar una vez un miedo particular nunca es suficiente.

Necesitas conquistarlo una y otra vez y en diferentes ocasiones hasta que no quede duda que eres capaz.

Por ejemplo, si estas asustado de hablar en público hay cosas que puedes hacer para deshacerte de ese miedo y construir el tipo de confianza que necesitas para que las cosas funcionen. Puedes empezar con pararte enfrente de tu cuarto y hablarte a ti mismo cuando sabes que nadie más está viendo y no sientes miedo de ser juzgado, puedes libremente hacer tu mejor esfuerzo. Cuando hables, enciende la grabadora de voz de tu teléfono y graba tu voz, de esa forma cuando escuches el sonido de tu propia voz, el hecho de que realmente fuiste capaz de hablar te motivará a continuar.

Luego de perfeccionar hablar en público enfrente de un espejo, puede usar una videograbadora y grabar tu actuación, la cual puedes publicar en tus redes sociales. Debes sentirte libre y recordar que no estas participando en una competencia, todo es por diversión. Cuando obtengas la retroalimentación de tus amigos virtuales, conocerás tus fortalezas y debilidades y trabajar sobre ellas. Si continúas haciendo esto, ya no te dará miedo hablar en público. Y luego de que hayas completado tu primera actuación en público en presencia de una audiencia, no te relajes y pienses que ya ganaste la batalla. Debes buscar otros retos que necesites alcanzar.

Paso 5. Persistencia

Mientras te enseño las cosas que puedes hacer para construir tu autoconfianza, pueden sonar muy interesantes para ti y pueda que quieras empezar a probarlas inmediatamente. Eso está bien, pero hay algo más que debes saber. Nunca es fácil cambiar de un estilo de vida a otro. Después de convertirte en una persona determinada, aprendiendo de otras personas, enfrentando tus miedos y repitiendo el proceso a través de la práctica constante, deberías de ser persistente en todo y saber que incluso cuando quiera tirar la toalla y rendirte, puedes continuar practicando. Esto no es fácil, y habrá ocasiones en las que te sientas desmotivado. Pero debes ser lo suficientemente persistente para continuar y hacer que funcione. Todas las personas exitosas han tenido que atravesar períodos de persistencia, y ese es el éxito que ves hoy.

Paso 6. Afirmaciones Positivas

Para no renunciar a su travesía de autoconfianza a mitad de camino, debe tener recordatorios constantes en forma de afirmaciones positivas. Continúa diciéndote a ti mismo que tú puedes. Las palabras que nos decimos a nosotros mismos y se registran en nuestro inconsciente con el tiempo. Escribe algunas cosas que quieres ver manifestadas en tu vida y dilas a ti mismo todos los días mientras tomas las acciones necesarias para hacerlas realidad. Puedes escribir estas palabras positivas y colocarlas en lugares estratégicos de tu dormitorio u oficina en donde las veas todos los días, para recordarte cuál es tu meta.

Afirmaciones de Confianza: *Creo en mí y en la capacidad de hacer lo que sea que me proponga. Continuaré trabajando en mí hasta no tener miedos.*

Soy el amo de mi propia vida. Tengo confianza en mí.

Capítulo Cinco

Los Factores Que Afectan La Autoconfianza

En lugar de que las dificultades y los fracasos te desalienten o agoten, deja que te inspiren.

—Michelle Obama

Existen numerosos factores que afectan los niveles de confianza que tenemos en cualquier momento de nuestras vidas. Estos factores van desde la realidad de nuestro entorno inmediato, hasta eventos de años atrás en nuestras vidas. Una manera de obtener autoconfianza es identificar estos factores y lidiar con ellos para poder superarlos. Algunos de ellos puedes manejarlos por ti mismo, pero otros pueda que necesites la intervención de un psicoanalista o terapeuta. Veamos los factores más frecuentes y las posibles soluciones a ellos.

Crianza Malsana: muchas parejas contraen matrimonio porque están enamorados o porque aman la idea de casarse, sin considerar todas las posibilidades dentro del matrimonio y las responsabilidades que conlleva. Tener hijos y criarlos es uno de los aspectos que los matrimonios con problemas descuidan. Muchos padres creen que la paternidad es acerca de tener hijos, proveerles dinero para sus necesidades y publicar sus fotos en redes sociales. Mientras que estas pueden ser buenas, existen otros aspectos de la paternidad que, cuando son descuidados, pueden tener un impacto desastroso en la vida de los hijos.

Estar presente física y emocionalmente para los hijos es un aspecto vital para los padres y que no debería ser descuidado. Sé que hoy en día la naturaleza de nuestras economías consiste en que los padres estén ocupados todo el tiempo. Y con una competencia implícita en donde la mayoría de las personas se encuentran, las familias promedio buscan proveer el estilo de vida que ven en otras familias a través de las redes sociales. Pero deberías planificar tu vida de una forma en la que siempre tengas tiempo para tus hijos.

Pueda que tengas niñeras que cuiden a tus hijos, pero existe límite en lo que ellas pueden hacer. Una niñera no puede tomar el lugar de un padre en la vida de un niño y los niños siempre se dan cuenta cuando los padres no están emocionalmente disponibles, no importando cuánto aporten económicamente. Tus hijos necesitan sentir tu presencia. Existe un nivel de confianza que proviene de saber que tu papa y mama están disponibles y que te apoyan incondicionalmente.

Los niños sufren de ciertas cosas que los padres quizá no están al tanto y si eres un padre ausente, tus hijos no tendrán la conexión emocional necesaria para compartir contigo los retos diarios.

Por ejemplo, el acoso escolar. Muchos niños sufren de acoso escolar y tu hijo podría ser uno de esos niños. Debes ser el tipo de padre con el que tu hijo sienta la confianza para contarte sus problemas y desafíos en cada etapa de sus vidas.

Hay un caso específico de la relación entre padres e hijas. Las investigaciones demuestran que a aquellas niñas cuyos padres desempeñaron un papel muy activo en su educación tienden a tener más confianza, mucha más de la que tendrían si hubieran tenido padres ausentes. Cuando ella sabe que su padre la apoya, ella puede enfrentar el mundo con mucha mayor confianza. Una niña que se ha acostumbrado a escuchar "Te amo" y "Eres hermosa" por su padre, no se dejaran encantar por los niños que lo digan en el futuro.

Siempre debes hablarles a tus hijos con palabras positivas. No les hables con palabras que los desmotiven o desmoralicen. Todo lo que le dices a tus hijos formará parte de su formación en su mente y pensamientos. Se cuidadoso con lo que dices a tus hijos.

Y si tú como adulto tuviste una experiencia negativa de crianza, no tienes que permanecer así por las decisiones de tus padres. Tú puedes y debes levantarte y superar esa negatividad y mantenerte positivo de ahora en adelante. Lo más importante es que estés consciente del problema. Si estás convencido que tu falta de confianza proviene de una mala crianza, puedes cambiar esa idea; puedes amarte a ti mismo y así recibir amor y positivismo.

Trauma a Temprana Edad: La negligencia de los padres no es lo único en tu niñez que puede causar perdida de la autoconfianza. Algo incluso más grave podría ser un trauma a temprana edad y lo más usual es violación o abuso sexual. Cuando un niño es violado o abusado sexualmente, ese niño usualmente siente que eso sucedió porque no tienen valor y se lo merecían. Así es como las víctimas de violación se sienten con regularidad, es por eso que en ocasiones tiene dificultad para expresarse acerca del incidente. Las víctimas de violación promedio piensan que las personas las van a culpar por lo que sucedió y es por eso que muy raras veces cuentan lo que les pasa.

Lo triste es que ese incidente controla el resto de su vida, si no se hace nada al respecto. Puedes encontrar a algunas víctimas de violación irse a los extremos en sus vidas sexuales; ya sea que les de miedo el sexo y no quieran tener relaciones sexuales o que quieran tener sexo con cualquiera que demuestre interés. De cualquier forma, ellos no tienen valor propio.

Otra fuente de trauma a temprana edad podría ser, ver morir a un pariente.

Lo que esto generalmente causa en el niño traumatizado es hacerlos crecer creyendo que no hay un significado inherente en la vida y que pueden vivir sus vidas como quieran, ya que también están destinados a morir. No importa la razón del trauma, la víctima necesita obtener la ayuda profesional de un terapeuta para que sus mentes vuelvan a pensar en la dirección correcta. Si tú eres una de esas personas, antes de hacer cualquier otra cosa en tu travesía de autoconfianza, debes resolver esto. Obtén la ayuda profesional de un terapeuta para que pueda comenzar a apreciar tu valor y luego desarrollar tu autoconfianza. Puede ser un gran paso para ti, ya que algunos generalmente niegan su situación. Pero sabes lo que es importante aquí y solo tienes que hacer lo correcto.

Influencia Social: Hemos explorado algunos capítulos de cómo la sociedad quiere que seamos algo diferente a lo que somos. Esta es la realidad del mundo en el que vivimos y lo más triste es que algunas personas encojen sus personalidades para encajar en la sociedad. Y nunca puedes ser bueno y ser alguien más. Tú puedes ser el mejor al ser tú mismo porque tú eres el único de todo el mundo que puede hacerlo. Pero cuando permites que los caprichos de la sociedad te afecten, pierdes el control de tu vida y pierdes tu autoconfianza.

Si realmente quieres construir tu autoconfianza, tienes que trabajar duro en desafiar la sociedad. únicamente lo que tu permitas influenciar tu vida, será lo que afecte tu vida. Por supuesto, algunas cosas tienen impacto subliminal y es posible que ni siquiera sepamos que nos están afectando, pero aun así debemos ser muy conscientes. Por ejemplo, la industria de la publicidad y lo que ellos están haciendo a la mente humana. Los anuncios publicitarios te hacen hacer cosas que realmente no quieres. Los mercadólogos utilizan los anuncios para convencernos que queremos, pero en el fondo de tu corazón sabes que no necesitas eso. Cuando los anuncios presentan a tu celebridad favorita promocionando un producto en particular, tu comienzas a asociar el producto con la celebridad y asumes que, si es bueno para las personas ricas y famosas, será bueno para ti también. Es allí, en donde pierdes la seguridad de decidir para ti mismo lo que tú necesitas.

El mundo de los negocios es donde tenemos en la mayoría de los casos la presión social. Se dice que los consumidores son los reyes, pero actualmente casi no hay consumidores que tomen decisiones independientes. Existe algo llamado prueba social en donde los compradores de un producto consideran la opinión de otras personas sobre ese producto antes de decidir si lo quieren para ellos mismos.

Si bien esto ayuda a tomar decisiones de los consumidores, esto hace que las personas pierdan la confianza en su juicio personal. Te encontrarás afirmando que amas algo, no porque realmente lo hagas sino porque alguien más lo ha respaldado. Eso es lo que el reciente aumento de la prueba social le hace a nuestra psique.

El acoso cibernético también está en aumento y es una de las razones por las que muchas personas no tienen la confianza suficiente para expresar su verdadero yo en Internet y las redes sociales. Pero ¿cómo puedes dejar que las personas que ni siquiera están en contacto físico contigo te intimiden? Quiero decir, todos en Internet dicen o hacen lo que hacen detrás de sus teclados, entonces, ¿por qué algunas personas permitirían que otros los intimiden? La respuesta es simple: aquellos que son acosados en Internet no tienen la confianza suficiente para hablar por sí mismos. Por lo general, son las mismas personas que siguen a los demás en línea como fuera de línea. No pueden tener sus propias opiniones y defenderlas; solo esperan hasta que sus personas favoritas hayan hablado y luego forman opiniones.

Presión de Grupo: Entre la influencia de la sociedad también está la presión de grupo. Se sabe que esto puede ser la ruina de muchas personas que no tienen la suficiente confianza para tomar sus propias decisiones. La historia a continuación de Mark y Cindy es un perfecto ejemplo de lo anterior:

Mark y Cindy era una pareja de novios que habían estado saliendo por cinco años y estaban tan enamorados uno del otro que decidieron casarse. Mark era el tipo de hombre que podría decirse que era el sueño de toda mujer. Él amaba a Cindy incondicionalmente y estaba dispuesto y haría cualquier cosa por ella. Él nunca quiso verla triste, él siempre procuraba hacerla sonreír. Ella era su prioridad.

Por su parte Cindy, ella apreciaba a Mark, lo respetaba y también estaba dispuesta a hacer lo que fuera para hacerlo feliz. Su matrimonio parecía como el cielo en la tierra y era admirado por muchos, incluyendo sus familias quienes los apoyaban mucho. Otras parejas incluso les preguntaban cómo habían hecho para que todo funcionara perfectamente.

El matrimonio continúo siendo maravilloso hasta que un chico llamado Zed se mudó al vecindario. Zed tenía problemas para adaptarse, entonces Mark le ofreció ayuda y él aceptó. Mark presentó a Zed a su esposa, Cindy, y se hicieron amigos. Mark raras veces hacia amigos y Cindy estaba contenta de que él había encontrado un amigo que realmente le cayera bien.

La amistad entre Mark y Zed creció, y pronto, Zed tenía opiniones sobre el matrimonio de Mark. Él le dijo a Mark que estaba permitiendo que Cindy lo controlara, que le estaba dando demasiada libertad a Cindy. Mark no entendía lo que Zed estaba diciendo, porque Mark creía que su matrimonio marchaba bien, lo que significaba que cualquier método que él y Cindy estuvieran aplicando seguramente estaba funcionando.

Pero sabes que la cuestión con la presión de grupo es que empiezas a asimilarlo gradualmente y antes de que te des cuenta, ya estás actuando según como te han estado presionando a actuar. Eso es lo que pasó en el caso de Mark. Pronto el empezó a escuchar a

Zed. Empezó a pasar más tiempo afuera bebiendo, incluso en el tiempo que él utilizaba para pasar tiempo con su esposa.

Mark no solía tomar antes de conocer a Zed, pero gradualmente se había convertido en alguien que bebía demasiado. Él empezó a buscar excusas para pelear con Cindy y siempre se quejaba de ella. Cindy estaba devastada. Mark había sido su mejor amigo por años y ella no estaba acostumbrada a ese tipo de trato. Ella se quejó con su familia, pero eso empeoró la situación más. Mark sintió que eso era una señal de falta de respeto. Mark dijo que él era lo suficientemente hombre para resolver sus propios problemas – si en caso existiera alguno – y no le agradaba que una tercera persona interfiriera.

Mark ya no regresó a ser el mismo y Cindy se cansó del nuevo Mark. Ella pidió el divorcio, a lo que Mark acepto con mucho orgullo. Pero le tomó solamente dos semanas sin Cindy para darse cuenta lo que había hecho. Él se sentía totalmente arrepentido y la fue a buscar. Él la quería de regreso y estaba listo para compensar el daño y recuperarla de nuevo. Pero Cindy tenía miedo de regresar con él porque le tomó mucho tiempo llegar al punto para tomar la decisión de dejarlo. Y ella no quería atravesar eso nuevamente.

Pero sabías que, si Mark hubiese sido seguro de él mismo y del hecho de que él era capaz de tomar las decisiones correctas para su vida y su matrimonio, no hubiera sido víctima de la presión de grupo; él simplemente le hubiera agradecido a Zed por su preocupación y hubiera seguido con su matrimonio como estaba. Las personas seguras experimentan presión de grupo como cualquier otra persona, pero la reacción que tienen ante ello es lo que marca la diferencia.

Afirmaciones de Confianza: *Creo en mí y en la capacidad de hacer lo que sea que me proponga. No importa lo que haya experimentado en el pasado. Puedo superarlo. Soy el amo de mi propia vida. Tengo confianza en mí.*

Capítulo Seis

El Mejor Discurso Motivacional

Aunque no podemos cambiar intencionalmente muchos aspectos de nuestras vidas o de nuestro mundo, podemos ejercer cierto poder sobre el curso de nuestras propias vidas.

—James O. Prochaska

Una forma de aumentar tu autoestima y comenzar a apreciar qué tan poderoso eres es, como mencionamos anteriormente, escuchar a personas seguras de sí mismas. Los oradores motivacionales seguirán aumentando en la sociedad porque muchas personas carecen de motivación y necesitan que otras personas los convenzan de que ellos pueden lograrlo. No creen en sí mismos, entonces admiran a personas en las que cree para convencerse de que son dignos de amor y admiración y que pueden hacer lo que se propongan. esta es la manera más común de aumentar la auto confianza.

Sin embargo, hay otra manera, una mejor manera. esta otra manera contiene más tareas iba a requerir que te involucres activamente en el proceso, pero es gratificante si puedes configurar todo lo que te propongas si tomas este enfoque. en lugar de siempre confiare en otras personas para alzar tu espíritu y decirte que tú puedes hacerlo, deberías comenzar a darte tú mismo el discurso motivacional. Este es diferente de las palabras positivas de afirmación que te dices normalmente. es una forma muy deliberada de disuadirte de tu falta de confianza en tus habilidades.

Cuando otras personas te hablan y elevan tu confianza para que puedas hacer alguna cosa en particular, puede que necesites que te sigan motivando antes de que puedas hacer algo que valga la pena para ti. Y como dije anteriormente, esa es una confianza temporal ingeniada por fuerzas externas, no autoconfianza. Nuestra meta aquí es llevarte al punto donde tú tendrás el tipo de confianza que viene de dentro.

darte a ti mismo el tipo de discurso motivacional que te catapultará al nivel de confianza que deseas puede no ser tan fácil como parece; puede que tome algo de tiempo, pero hay maneras de hacerlo. Cualquiera que quiera realmente llegar lejos en la vida debería tener mentores y quisiera asumir que tú, mi lector, tienes mentores. Uno de los mentores en tu vida es creer en ti.

Si tienes personas que creen en ti y te ves haciendo las cosas que ellos creían que tú podías lograr, encontrarás que, en cuestión de tiempo, tú comenzarás a creer que tú puedes hacer eso contigo. Su creencia en ti se contagiará y tú también comenzarás a creer en ti mismo. Esa es una de las formas más fáciles para desarrollar autoconfianza.

Pero no termina ahí. Recuerda, estamos hablando acerca de autoconfianza aquí y el énfasis está en la palabra auto, el tipo de confianza que viene desde adentro. Entonces, harás esto independiente de tus mentores. Este es El Libro de *Trabajo* de la autoconfianza. El título de "libro de trabajo" simplemente significa que tú tendrás que hacer algo de trabajo. Nadie se vuelve grandioso permitiendo a otras personas que hagan todo el trabajo por ellos. Si te lo tomas en serio, te vas a mover y hacer el trabajo. Ahora lo siguiente que deberías hacer establecer metas que quieres alcanzar.

Siéntete libre de tener grandes sueños y fijar metas específicas para alcanzarlos. No necesariamente necesitas creer que puedes lograrlos en este punto; llegarás ahí, pero primero sólo fija las metas. No le cuentes a tus mentores acerca de estas metas. Lo que vas a darles esta vez son resultados de tus logros porque sí, vas a lograr estas metas.

Ahora, repítete a ti mismo que puedes hacerlo. Recuerda las veces en el pasado que hiciste cosas que creías que nunca iba a poder hacer y deja ese conocimiento impulsar tu creencia en ti mismo y en tus capacidades. Trabaja cada día diligentemente para lograr esas metas. Toma las metas una a la vez y divide cada una en submetas. Después fija objetivos diarios de las cosas qué podrías hacer para lograr esta submetas. No mires el panorama general en este punto. Podría ser abrumador y aterrador; sólo concéntrate en tus metas diarias y alcanza las una al día.

Para cuando llegues a la fecha límite para alcanzar el panorama general, te sorprenderás frente a lo que has sido capaz de hacer. Y eso es a lo que me refería cuando dije que le mostrarías resultados a tus mentores y no problemas. Si eres capaz de alcanzar las metas que te propones a ti mismo y convencerte a ti mismo para moverte y actuar, se convertirá prácticamente imposible para ti dudar de ti mismo. ¡Tu nivel de autoconfianza automáticamente dará un salto cuántico!

Eso suena bastante fácil, pero ya he mencionado que no lo es. Sin embargo, sabemos que hay una diferencia entre dificultad e imposibilidad; que algo sea difícil no quiere decir que es imposible de alcanzar. Hay gente que logra cosas así todos los días y no son mejores que tú. Tú puedes hacerlo y hacerlo incluso mejor. Todo lo que necesitas hacer es enfocar tu mente en ello.

Una cosa qué podría impedirte intentar esto es el miedo; pero ya te he animado a atacar tu miedo. Si no atacas tus miedos, te paralizarán y nunca podrás hacer nada por ti mismo. Lo curioso es que la mayoría de las cosas a las que tememos o no existen o jamás sucederán. simplemente evocamos estas cosas nuestras mentes y dejamos que gobiernan nuestras vidas.

Eres el Máster de tu vida, el capitán de tu propio barco. Tu vida solo navegará en la dirección que tú le des. Si no tienes ninguna dirección, el mundo va a elegir un sendero para ti. Y, créeme, no te gustará el resultado.

Afirmaciones de Confianza: Creo en mí y en mi capacidad de hacer lo que sea que me proponga. Estoy hablándole de confianza a mi propia vida. Soy el amo de mi vida. Confío en mí.

Capítulo Siete

Sé Tu-único"

Busca esa actitud mental particular que te hace sentir más vivo y lleno de vida, junto con la que viene la voz interior que te dice: "Este es el verdadero yo". Y cuando hayas encontrado esa actitud, síguela.

—William James

Una de las razones por las que muchas personas carecen de confianza en sí mismas es por el temor de el qué dirán; sienten miedo deseo diferentes, lo cual es comprensible porque el mundo no quiere que tú seas tú. pero al mismo tiempo, es bastante irracional. No todos somos lo mismo, no todos somos iguales. Somos diferentes. No importa qué tanto la sociedad trate de hacer que todos nos comportemos de la misma manera, nunca vamos a ser todos lo mismo. Somos diferentes personas y el lugar de suprimir nuestras diferencias, deberíamos celebrar las porque es ahí donde yace nuestra fuerza.

Por tu parte, no tienes que esperar a que el mundo finalmente comience a aceptar las diferencias antes de comenzar a ser tú mismo sin pedir disculpas. No. será una larga espera que al final no tendrá frutos. Deberías dejar de tener miedo de ser diferente. Tú eres ÚNICO (Tu-Único). Tú no eres el mismo que nadie más en el mundo entero y eso es algo de lo que deberías estar orgulloso, en lugar de conformarte con lo que el mundo quiere que seas.

Si te dicen raro, entiende que están usando la palabra equivocada. No eres raro. Tú eres ÚNICO. No necesariamente tienes que tratar de convencer a los demás; sería un esfuerzo fútil porque sus mentes ya están determinadas. Sólo sigue siendo tú mismo. No le debes explicaciones a nadie.

Existen algunas cualidades que te diferenciarán del resto como una persona atrevidamente segura de sí misma. Miremos algunas:

Autenticidad: ¡WOW! Me encanta esta palabra. Autenticidad es el estado de ser tú mismo todo el tiempo y en todos los casos. Es cuando tú existes sin nunca intentar ser nadie más. Y solo una persona que es segura de sí misma puede poner en práctica la autenticidad. Mira, hay pocas personas auténticas en la sociedad y esas pocas personas siempre sobresalen ante el resto. Son las personas que son admiradas por el resto de la gente. Se requiere un nivel alto de auto confianza para decir "No voy a tratar de ser como nadie más". ¿Has escuchado alguna vez de personas carismáticas, que se convierten en líderes y guían a otros? Estas personas tienen la cualidad de la autenticidad. Se requiere una persona auténtica para liderar a un grupo de otras personas que estarán intentando cambiar quien ella o él es. Muchos líderes que fracasan mientras están en funciones lo hacen porque cambian tan pronto como asumen el cargo, lo cual es claramente porque nunca tuvieron una definición clara de su ser auténtico para poder ser la misma persona en cada situación.

Autoestima: Un término que sigue revoloteando en el aire estos días. Pero si tan sólo la mitad de las personas logran practicarlo tanto como lo hablan, entonces sí que tendremos menos problemas en la sociedad. La autoestima no es cuando te tomas una foto de ti mismo y la publicas en redes sociales con #lovemyself. No. Todos esos movimientos son sólo para presumir. Autoestima es cuando realmente te amas por quién eres. Es cuando amas cada parte de tu cuerpo, cuando amas tu carácter, cuando amas las cosas que haces y evitas las cosas que no amas. Autoestima es cuando amas al tipo de personas que tienes en tu vida porque escogiste a las mejores personas que complementan tu vida. Autoestima es cuando te amas no solo en palabras, pero también en acciones. Eso es autoestima. Y es una de las marcas de la auto confianza.

Es muy difícil para cualquiera realmente amarse a sí mismos estos días por lo que vemos todos los días alrededor de nosotros y en el internet. Muchas personas no se aman a sí mismos y no son siquiera capaces de amarse a sí mismos porque no saben el significado de autoestima. Muchas personas afirman que se aman tanto, sin embargo, la estadística de las personas que se suicidan cada día está constantemente en aumento. ¿Se aman a sí mismo tanto y aun así tienen razones para acabar con sus propias vidas?

Un indicador de que las personas, especialmente las mujeres, no se aman a sí mismas es el tamaño de las industrias de maquillaje y cosméticos. La mujer promedio quiere enmascararse porque no se siente cómoda en su propia piel. Algunas mujeres apenas salen de la casa cuando no tienen maquillaje porque no se sienten orgullosas de sus rostros. Dependen del maquillaje para sentirse bien consigo mismas y su aspecto físico. No me tomen a mal; el maquillaje es bueno. Pero es bueno en cuanto sirve para acentuar la belleza y no para cubrir inseguridades y baja autoestima. No puedes usar maquillaje todo el tiempo y afirmar que te amas a ti mismo. Si amas tu rostro, estarías orgulloso de mostrarlo tal como es.

El problema más grande es que en lugar de atacar el problema de baja autoestima directamente a través de, por ejemplo, terapia, estamos cubriéndolo con maquillaje. Y cuando todo está cubierto, asumimos que todo está bien. Pero cuando tu autoestima es baja, nunca puedes tener auto confianza.

Amarte sin pedir disculpas, con todo y faltas, es un acto de valentía; y son únicamente aquellos quienes son seguros de sí mismos que pueden intentar amarse así. La tentación de ser alguien más es demasiada. Y no puedes afirmar amarte cuando te avergüenzas de realmente ser quién eres. No funciona de esa forma. Necesitas alcanzar el nivel de auto confianza que te permitirá ser lo suficientemente valiente para amarte a ti mismo.

Audacia: si decides ser tu ser único, tendrás que afrontar retos, incluso entre tu familia y amigos cercanos y deberías estar preparado para ellos. Debes ser tú mismo a pesar de lo que la gente a tu alrededor pueda decir o pensar. La clave es esta: no deberías ignorar el hecho de que tendrás opositores. De hecho, habrá muchas personas que se opondrán a tu verdadero tú. Pero nunca reprimas tu realidad por aquello que puedan pensar las demás personas de ti.

Ya sea que vivas para complacerlos o para complacerte a ti mismo, las personas todavía tendrán algo malo que decir acerca de ti. Entonces, solo tienes que acercarte a ellos con una total audacia y vivir la vida de la manera que quieres. Sé tú mismo y no te disculpes por ser tú mismo.

La verdad es que cada ser es único. La unicidad no se compra; simplemente naciste así. Pero el problema es que, en algún punto, las personas comienzan a encoger su unicidad individual en un afán de cumplir lo que la sociedad requiere de ellos.

Y así, mientras pierden su unicidad, su confianza en sí mismos se va por los suelos también. Es por esto que hoy hablamos de cómo construir la auto confianza.

Ahora que ya lo sabes, deberías comenzar el trabajo de redescubrir tu ser único una vez más. Tú eres suficiente. Tú eres todo lo que jamás necesitas ser. ¡Tú eres Único!

Afirmaciones de Confianza: Creo en mí y en mi capacidad de hacer lo que sea que me proponga. Soy la versión más auténtica de mí. Soy el amo de mi vida. Confío en mí.

Capítulo Ocho

Autoconfianza al Hablar en Público

Imagínate en una sala conversando con tus amigos. Te sentirías relajado y cómodo hablando con ellos. Lo mismo aplica al hablar en público.

—Richard Branson

Te contaré una historia.

Había una chica, llamada Linda, quien se graduó de la Universidad y tuvo dificultades para encontrar un empleo. Ella no fue la estudiante estrella durante su tiempo como estudiante y sus notas finales eran promedio. Sin embargo, Linda también era escritora; ella escribía historias hermosas y tan pronto como se dio cuenta que no iba a tener éxito entrando directamente al mundo corporativo decidió utilizar su habilidad como escritora para crear su propio camino.

Linda tomó cursos en-línea en plataformas como Udemy y Coursera para mejorar sus habilidades y aprender más acerca de redacción, lo cual era la tendencia en ese momento. Para el momento en el que ella había invertido el tiempo y esfuerzo por varios meses, ella se sentía orgullosa de sí misma y de lo que podía hacer. Ella practicó haciendo redacciones para marcas al azar, pero nadie más pudo ver sus redacciones. Ella solamente sabía que ella era buena en lo que hacía.

¿Qué sigue? Linda planeó presentarse ante una empresa que estuviese buscando una redactora cabrona y mostrarles de lo que era capaz. Ella estaba cien por ciento segura que sería contratada. Ella sabía que era buena en lo que hacía. Era un buen plan y ella estaba decidida a lograrlo.

Linda tenía alrededor de cinco empresas en su lista y estaba segura de que, para el momento en el que ella fuera y se presentara ante ellos, por lo menos uno definitivamente la contraría. Ella no quería enviar correos electrónicos. Ella pensó que el presentarse personalmente no les dejaría otra opción más que contratarla. Entonces, ella fue a la primera compañía.

Pero tan pronto como llegó a la entrada, su confianza se desinfló. Ella no podía entrar al lugar ni decir para qué estaba allí. Entonces, se fue a casa. Increíble, ¿verdad? Pero cierto.

Cuando llegó a casa, ella estaba decepcionada de sí misma y estaba segura de que iba a compensar lo que había hecho cuando se presentara en la segunda empresa de su lista. ¿Pero qué sucedió? Linda llegó a la segunda empresa, y cuando no fue lo suficientemente audaz para decir la razón por la que estaba allí, respondió sí cuando le preguntaron si se había presentado para una entrevista. Ella se unió a otras personas que serían entrevistadas en la sala de espera y se marchó antes de que la entrevista siquiera iniciara. Esta vez lloró cuando llegó a casa.

Fue entonces cuando ella decidió no salir de casa, a no ser que realmente fuese a hacer lo que se hubiese propuesto. Ella tenía el talento y las habilidades. Ella se había preparado bien. Ella, incluso, había realizado el gran trabajo de realmente creer que era capaz de hacerlo— y eso es tener algo de confianza en sí mismo. Todo lo que necesitaba era la confianza suficiente para poder presentarse ante la gerencia de una empresa y demostrarles que era capaz de realizar el trabajo. Eso era lo que ella deseaba y decidió que ella iba a conseguir exactamente lo que ella deseaba.

Ella sostuvo una charla motivacional consigo misma, leyó algunas afirmaciones positivas para sí misma, practicó su presentación y se preparó para volver a la misma empresa a la que se había presentado por primera vez. Linda entró a la empresa ese día, preguntó por el gerente de RRHH y cuando por fin conoció a la mujer que estaba a cargo, Linda le explicó su misión. Por suerte para ella, la gerente de RRHH estaba interesada ya que ellos en realidad necesitaban más manos en el departamento de desarrollo de contenido escrito, especialmente para el área redacción. Y fue así cómo Linda consiguió el trabajo luego de pasar la prueba que le asignaron. Ella ni siquiera tuvo que ir a las otras cuatro empresas en su lista.

Impresionante, ¿verdad? La misma Linda quien antes no pudo entrar por la puerta de esa empresa la primera vez que estuvo allí. Era la misma Linda quien no puedo decir la verdadera razón por la que se encontraba allá, en aquella segunda empresa. Pero ella consiguió tener control de sí misma, encendió su confianza en sí misma y fue hasta allí, habló, y consiguió la oferta. Si ella no hubiese tomado ese paso atrevido, probablemente hubiese ido a la tercera, cuarta, y quinta empresas sin conseguir algún resultado positivo.

Ese fue el caso de Linda— un caso de miedo al hablar en público. Cuando escuchas hablar en público, no solo se refieren a la práctica de hacerlo en presencia de una multitud. Algunas personas no pueden hablar frente a entrevistadores y debido a ello quizás nunca consigan el tipo de trabajo que merecen. Quizás piensas que tú ya tienes autoconfianza, pero la verdadera prueba de autoconfianza es cuando eres capaz de presentarte y de presentar todo lo que piensas que eres, frente a otros, especialmente personas con jerarquía más alta que tú en la oficina.

Si tú quieres hacer cualquier cosa que valga la pena en la vida, llegará el momento en el que debas pararte frente a otras personas y hablar. Cómo mínimo durante toda tu vida definitivamente se te presentará la oportunidad de pararte ante una multitud y hablar. Pero hemos escuchado acerca de personas que han huido justo antes de que llamaran su nombre a la plataforma para dar su discurso. Hemos escuchado historias de personas que han perdido grandes oportunidades porque estaban muy asustados para poder hablar en público.

Tu trayecto hacia la autoconfianza es un trayecto holístico, en el sentido en el que deseo que tú tengas mucha confianza en ti mismo y en tus habilidades en cualquier momento, en cualquier lugar y cualquier día. No procures construir un tipo de autoconfianza introvertida. Si tu autoconfianza solo existe a puerta cerrada, entonces aún tienes más trabajo que hacer. Acepta el reto hoy, y empieza a trabajar en ti. Si Linda pudo hacerlo, tú también puedes hacerlo.

Afirmaciones de Confianza: Creo en mí y en mi capacidad de hacer lo que sea que me proponga. Yo puedo hablar en privado y hablar hasta frente a una multitud. Mi confianza no disminuye de acuerdo con el número de personas presentes en la habitación. Soy el amo de mi vida. Confío en mí.

Capítulo Nueve

Aprender a interpretar el fracaso positivamente

El fracaso debería ser nuestro maestro, no quien nos sepulta. El fracaso es demora, no derrota. Es un desvío temporal, no un camino sin salida. El fracaso es algo que podemos evitar solamente con no decir nada, hacer nada y ser nada.

Las principales razones por las cuales las personas carecen de confianza en sí mismo son porque temen al fracaso. Se avergüenzan de lo que los demás dirán cuando fallen. Pero quiero que sepas que el fracaso no siempre es negativo. Se que cuando se invierte mucho tiempo y esfuerzo en algo y esto no sale bien, te puedes sentir mal, por el tiempo invertido. Pero trata de no desmotivarte a tal grado que no quieras intentarlo de nuevo.

Hay algo que debes saber, y es que todos estamos destinados a cometer errores, especialmente cuando hacemos algo por primera vez. Tú no eres un superhumano y, como todos los demás humanos que conoces, tú también cometerás errores a veces. Puedes hacer algo y fallar. Es absolutamente norma y no existe ninguna razón para alarmarte. Tu habilidad para entender esta realidad te ayudará en la travesía de construir tu autoconfianza.

Cuando sabes que existe la posibilidad de fallar, ya no sentirás miedo hacia la idea de fallar, entonces puedes perdonarte con facilidad e intentar otras cosas. Esto es fundamental para tener una autoestima saludable. Sabes que con frecuencia estás asustado de la vergüenza que vendrá con el fracaso porque algunas personas podrían burlarse de ti. Ahora piensa que cuando no te importa fallar. ¿No crees que saldrás y trabajarás para alcanzar todos los sueños que algún día tuviste?

La raíz del miedo a fallar proviene de nuestro sistema de educación, el cual te premia cada vez que obtienes buenas calificaciones y te castiga cuando tienes malas calificaciones. Quizá no sea un castigo físico, pero cuando ves la puntuación baja a la par de tu nombre, definitivamente sientes como que estas siendo castigado, y puede ser un tanto doloroso. No existe ningún tipo de motivación para que las personas descubran qué quieren en su vida y quiénes son en esta vida. Todos nos enfrentamos al mismo sistema sin importar si funciona o no. Nuestras cualidades individuales son generalizadas y somos mezclados como un solo todo.

Cualquier estudiante que se sienta aburrido con el sistema normal, será categorizado como rebelde. ¿Alguna vez te has preguntado por qué los tops millonarios dejaron la escuela? Ellos se salieron por que sintieron la seguridad de cuestionar el sistema.

Lo anterior no es para motivar que debas dejar la escuela. No, al contario. También hay personas que se han graduado que están impactando el mundo. Solamente quiero resaltar que el fracaso no necesariamente es negativo.

Cuando has hecho tu mejor esfuerzo, no hay de nada de qué preocuparse. Pero si no has hecho tu mejor esfuerzo, entonces sí debes preocuparte por fallar. Una persona segura de sí misma siempre intenta hacer lo correcto, y parte de hacer lo correcto es completar tu trabajo en el tiempo adecuado. Pero si descuidas tus tareas, estás haciendo una inversión en el banco de la baja autoestima.

Entonces, ¿qué deberías hacer? Reconocer el hecho que no eres superhumano, y que existe la posibilidad de que algunos de tus planes no resulten como lo esperabas. Al reconocerlo, te estás programando para hacer cualquier cosa que te propongas hacer y hacer el mejor intento. Cuando hayas hecho eso, puedes entonces relajarte y esperar el resultado, el cual aceptaras.

También, el hecho de que existe la posibilidad de fallar no significa que debes esperar fallar. Siempre debes permanecer positivo. No tienes que pensar que vas a fracasar, solamente ten la mente abierta y acepta que vendrá lo que tenga que venir porque tú has hecho tu mejor esfuerzo. La meta aquí es que tú seas seguro ante cualquier situación, ya sea buena o mala. Algunos oradores motivacionales pueden decirte que tú siempre tienes que estar en la cima y que cuando tomas algunos pasos o acciones, el éxito está garantizado y no tendrás fracaso alguno. Pero ese no es el caso en todas las ocasiones. Te equivocas si crees que así debe ser.

Piénsalo de la siguiente forma: cada vez que falles, tú habrás aprendido algo nuevo. Has agregado algo a tu banco de experiencias, lo que te llevará a solucionar otros aspectos de tu vida. No vas a cometer ese mismo error dos veces. Piensa en los famosos inventores y en cuántas veces ellos fallaron, pero siguieron intentando hasta que crearon las cosas que hoy en día gozamos.

¿Recuerdas a Thomas Edison? Él falló 1,000 veces antes de que eventualmente inventara el foco eléctrico. Antes de eso, él fue despedido de dos trabajos y cuando iba a la escuela, sus maestros decían que era muy tonto para aprender algo. Pero él nunca se rindió. Cuando le preguntaron cómo se sentía fallar X cantidad de veces antes de realmente inventar el foco eléctrico, Edison respondió, "yo no fallé 1,000 veces. El foco eléctrico fue un invento que requirió 1,000 pasos" Esa es actitud de autoconfianza. Estoy seguro de que, si él únicamente hubiera dependido de la motivación de sus amigos y familia, no hubiera llegado tan lejos, porque probablemente se hubiera cansado y desmotivado en el camino. Lo que se necesitaba para ese camino, era el tipo de motivación que viene de adentro; es creer en ti mismo y en el hecho que puedes hacer cualquier cosa que te propongas.

Luego tienes a Winston Churchill quien repitió grados en la escuela elemental y tuvo que ser ubicado en la división más baja de la clase más baja. Así de malo era. Incluso cuando ingresó a la Academia

Militar de Sandhurst, el falló dos veces el examen de admisión. Pero ¿él se rendió? No. Churchill fue vencido en su primer intento de ingresar al Parlamento, sin embargo, persistió y finalmente se convirtió en Primer Ministro a la edad de 62 años. Ese es el clásico "nunca te rindas". De hecho, en sus propias palabras "nunca te rindas, nunca te rindas, nunca, nunca, nunca, nunca – en nada, por muy grandioso o pequeño, grande o bonito – nunca te rindas, excepto a las convicciones de honor y sentido común. Nunca, nunca, nunca, nunca te rindas". ¡Wow! ¡Simplemente wow! Algunos estudiantes en la actualidad se rinden cuando fallan un examen por primera vez. Eso solamente te sucede cuando tú no crees que tengas lo que se necesita para ponerte de pie y hacer que funcione otra vez.

¿Qué me dices de Disney? Quien fue despedido por el editor de un periódico en donde trabajaba porque, de acuerdo con el editor, "Él carecía de imaginación y no tenía buenas ideas". Disney no permitió que eso lo desmotivara; él continúo intentando y haciendo su mejor esfuerzo. Él se fue a la quiebra en varias ocasiones antes de que tuviera la idea de Disneyland, idea que fue rechazada por la ciudad de Anaheim. Esa vez no fue porque careciera de imaginación, sino porque creían que el parque solamente iba a atraer personas indeseables.

¿Qué te dice esto del fracaso? Creo que esto únicamente comprueba que nadie es inmune al fracaso y la cantidad de veces que se fracasa no determina lo que puedes alcanzar en el futuro. Observa a las personas que todos admiramos por su ingenuidad que tuvieron para intentar tantas veces antes de realmente alcanzar el éxito. Una cosa en común entre ellos es la resiliencia. Ellos tuvieron resiliencia para continuar intentando incluso cuando no estaba funcionando. Ellos convirtieron sus fracasos en escaleras y continuaron avanzando hasta que llegaron a la cima. A eso se le llama actitud. Eso es autoconfianza en su máximo esplendor. Y eso es lo que quiero que tengas.

Las personas fracasan, incluso las personas exitosas. Y que tú falles en una cosa no significa que fallaras en todas. Se requiere un alto nivel de confianza para llegar a diferenciar entre fallar y ser fracasado. Las personas seguras de sí mismas no permiten que los fallos ocasionales los afecten. Ellos saben quiénes son, y confían en sus capacidades, ellos son seguros y saben que tendrán éxito en otra ocasión. Entonces, ¿qué hacen? Ellos se ponen de pie, se quitan el polvo de la espalda, y aprenden del fracaso, y ponen en marcha la siguiente cosa en la lista. Ese es el tipo de persona que quiero que seas.

Afirmaciones de Confianza: Creo en mí y en mi capacidad de hacer lo que sea que me proponga. Estoy consciente de que puedo experimentar fracasos temporales, pero que tengo todo lo que se necesita para levantarme. Soy el amo de mi vida. Confío en mí.

Capítulo Diez

Todo comienza contigo

Si tú apuestas poco valor a ti mismo, ten por seguro que el resto del mundo no incrementará tu valor.

—Anonymous

Ya deberías saber que el cambio que buscas inicia contigo, pero con el riesgo de enfatizar demasiado este punto, diremos algo acá y te mostraremos porqué y cómo debería empezar contigo. Parte de la razón por la cual quiero que seas seguro es para que las personas te respeten y te admiren, ¿correcto? Yo sé. Pero antes de que lleguemos a ese punto, hay una tarea que debes hacer: primero debes amarte y respetarte a ti mismo.

Las personas te tratan en la forma en que te tratas a ti mismo. Si te presentas como una persona sin valor y no digna de amar, exactamente así te trataran las personas a tu alrededor. Ellos aprenden cómo tratarte al observarte y ver cómo te tratas a ti mismo.

Siempre ten esto en mente y trátate bien. Se tu propia porrista y así las otras personas aprenderán.

La travesía de construir la autoconfianza es personal. Las personas de tu alrededor pueda que no sepan qué es lo que estás haciendo, pero necesitas confiar en ti mismo y saber que eres capaz de lograrlo. Cuando empieces a cambiar, las personas se preguntarán qué es lo que sucede contigo. Eso no debe detenerte en lo absoluto, tú sabes qué es lo que pasa y que estas en control de tus decisiones y acciones.

Si tú no decides tomar el control de tu vida, estás haciendo espacio para que alguien más lo haga por ti. Otras personas u otras cosas tomarán el control, si tú no tomas el control de tu propia vida. Tus amigos tomarán las decisiones por ti; las redes sociales influenciarán tus elecciones; estarás a la merced de las agencias de publicidad.

Tú empiezas a controlar tu vida cuando primero controlas tus pensamientos. Y ¿cómo podrías controlar tus pensamientos cuando tu mente esta bombardeada de pensamientos de los cuales siempre quieres escapar? ¿Cómo podemos controlar nuestros pensamientos? Esto no puede hacerse directamente, pero indirectamente a través de la información que permites que entre a tu mente. El tipo de programa de televisión a los que expones tu mente y el tipo de libros que lees, el tipo de entretenimiento al que te expones, el internet y las redes sociales, todo lo anterior es lo que constituye tus patrones de pensamiento.

Siempre debes alimentar a tu mente de cosas positivas, porque lo que le das a tu mente es lo que produce tus pensamientos, lo que eventualmente se convierte en tus acciones. Una persona segura de sí misma evita las cosas que les hace sentir mal. Las personas seguras evitan los pensamientos negativos. ¿Sabías que los pensamientos no sólo afectan tu mente, sino también afectan la forma en la que otros te ven? Esto es porque aparte de las acciones que tomas conscientemente, también existe otra parte de ti llamada subconsciente, el cual no necesita tu consciencia activa para manifestarse. Si por instancia, permites la negatividad en tu mente, incluso cuando conscientemente estas intentando ser positivo, eso se manifestará de forma negativa en la forma en la que otros te ven. Quizá no lo sepas, pero está allí. Tim Sanders en su libro, *Hoy somos Ricos: Tomando el control de la Confianza Total,* piensa lo siguiente respecto a nuestros pensamientos y acciones:

Tus pensamientos también moldean la forma en la que otros te ven, reaccionan a ti, y así crean tu autoimagen. Tus pensamientos, y las emociones que resultan, son visibles ante otros a través del inconsciente, y domina su sistema nervioso. Es por eso que tu lenguaje corporal traiciona el lenguaje verbal. Es por eso que puedes sufrir un desborde negativo que revele tus sentimientos reales – no importando cuánto le digas a tu mente consciente que se mantenga controlada.

...Piensa en una ocasión en que estuvieses en un enredo mental. Entre más pensabas en cómo te sentías, más molesto te sentías. Cuando estabas con tus amigos, eras como una bomba de tiempo de emociones. Trataste de suprimirlo, pero siempre fallabas y terminabas diciendo algo de lo que te arrepentirás. Incluso si lograbas mantener la boca cerrada, tu lenguaje corporal te delata. Tú cruzas los brazos, volteas los ojos, o te mueves de forma nerviosa. Otras personas interpretarían tus acciones como hostil, y tomarían distancia o devolverían tu negatividad con su propia hostilidad. Esto solo te hace sentir peor, y caes en un círculo vicioso de pensamientos-comportamientos negativos.

Finalmente, los pensamientos tienen impacto en la salud física. El subconsciente le dice al cuerpo qué hacer, cómo sentirse y qué químicos generar. Cuando el subconsciente convierte un pensamiento negativo en miedo y estrés, el cuerpo produce la hormona del estrés: cortisol. Con el tiempo, la producción de esa hormona puede resultar en una enfermedad del corazón y problemas digestivos.

Entonces, esto sobrepasa lo que la mente consciente puede comprender. Es de suma importancia que regules tus pensamientos porque ellos son los que crean la autoimagen. Tu autoimagen es una foto de ti mismo que tienes en tu mente, la cual no necesariamente es como realmente te ves físicamente. Cuando piensas en ti mismo, ¿qué imagen viene a tu mente? ¿Te ves como una persona competente y capaz de hacer cualquier cosa que te propongas? ¿O te ves como una persona que procrastina todo el tiempo y nunca hace nada?

Te contaré la historia de Patricio. Patricio acaba de ingresar a la universidad y él asiste a la universidad con la idea de que le irá mucho mejor que en la escuela secundaria. En la escuela secundaria, él era tímido y siempre evitó pararse enfrente de toda su clase a dar presentaciones. A pesar de que le iba muy bien en los exámenes, su nivel de confianza era cero. Entonces, cuando terminó la escuela secundaria e iba a la universidad, él se mentalizó a que iba a sobrellevar sus miedos y le iba a demostrar al mundo de qué estaba hecho. ¡Excelente!

Él trabajó muy duro en el primer semestre y trató de mantener las promesas que se hizo a sí mismo, hasta el día que le tocó hacer su primera presentación. Sin esperarlo, su complejo de inferioridad lo envolvió y sintió que debía irse de la universidad. La fecha de la presentación era en las próximas tres semanas, entonces él hizo una estrategia para vencer sus miedos y realizar su presentación. Primero, durante la primera semana él estudió lo que debía presentar y comenzó a leer libros motivacionales acerca de hablar en público para ayudarse con su confianza. Empezó a sentirse mejor acerca de la presentación, pero de cierta forma aún sentía miedo.

Esto es lo que hizo después: cuando faltaban pocos días para la presentación, Patricio comenzó a imaginarse a él mismo dando la presentación enfrente de toda la clase. Se imaginó como un joven seguro de sí mismo y con una audiencia que le aplaudía y animaba a dar el discurso. Cada vez que él tenía un pensamiento negativo, él se imaginaba nuevamente, él conscientemente se imaginaba una victoria. Se rehusó a verse a sí mismo como un fracaso. Se rehusó a verse a sí mismo como alguien tímido. Continuó visualizándose como una persona segura.

Patricio hizo eso hasta que la imagen comenzó a grabarse. En los siguientes días, él se visualizó como una persona segura y su autoestima mejoró. Y el día del discurso, si, lo adivinaste, el hizo una excelente presentación. Se subió al escenario con la imagen que él había visualizado.

¿Qué imagen tienes de ti mismo? ¿Piensas que eres un ganador o perdedor? ¿Conscientemente seleccionas tus pensamientos y alimentas tu mente, o permites que toda la basura ingrese? ¿Qué tipo de amigos tienes en las redes sociales, y qué tipo de publicaciones comparten? ¿En qué parte del internet pasas tu tiempo? ¿Eres un adicto a la pornografía? ¿Inviertes diariamente mucho tiempo de calidad viendo pornografía? Las investigaciones demuestran que la adicción a la pornografía tiene repercusiones negativas en tu cerebro. En cuanto más dependas de la gratificación sexual, más pierdes el control sobre tu vida sexual.

Nada pasa en soledad. Todas las cosas de las que alimentas tu mente contribuyen a construir tu autoimagen, lo que influencia tu autoconfianza. La autoimagen no solamente se trata de imaginarte comportándote de la forma en la que te gustaría, también significa imaginarte a ti mismo, teniendo el tipo de cuerpo que gustaría tener. Si otras personas piensan que eres feo, pero tú no te visualizas a ti mismo como feo, entonces los has vencido.

Haz consciencia acerca del contenido que dejas entrar a tu mente. La seguridad es una batalla en la mente y necesitas ganar esa batalla antes de convertirte en alguien seguro. ¿Sabías que muchos de los oradores que admiras dicen cosas que nunca prepararon con anticipación, lo cual en ocasiones se convierte en el tema central del momento? ¿De dónde crees que obtienen esas ideas? Es de años de estudio. Las cosas que dejan entrar a sus vidas al pasar de los años se convierten en parte de sus vidas y se manifiesta en cualquier momento.

Te voy a asignar una tarea en este momento, para que trabajes conscientemente en tu mente a partir de hoy. Toma tu celular o ve a tu computadora; revisa todos los sitios que visitas y que tienen la capacidad de influenciarte negativamente; borra todo el historial de navegación y promete no regresar nuevamente. Cuando hayas hecho eso, reemplázalos con otras cosas saludables, porque si dejas rastros, puede que regreses a tus hábitos antiguos tarde o temprano.

Esto no será fácil, pero es posible, muy posible. Todo lo que necesitas es proponértelo y empezar a crear el tipo de autoimagen con la que quieres ser asociado. Y con el tiempo, obtendrás resultados increíbles.

Afirmaciones de Confianza: Creo en mí y en mi capacidad de hacer lo que sea que me proponga. Estoy consciente que la travesía de la autoconfianza inicia y termina en mí porque soy el amo de mi vida. Confío en mí.

Capítulo Once

Deja A Otras Personas Fuera De Esto

No me importa tanto lo que yo soy para otros como me importa lo que soy para mí.

—Michel de Montaigne

Pasamos un tiempo en el capítulo anterior tratando de mostrarte por qué el cambio que busca debe comenzar en ti y creo que has comenzado a trabajar para ser la persona que siempre has soñado ser. También es importante que, mientras trabajas en ti mismo, no trates por ningún motivo de ver a alguien más como responsable de tu falta de confianza en ti mismo.

Mencionamos que uno de los factores que conduce a la pérdida de la confianza en uno mismo es la crianza poco saludable. Muchas personas que no saben que su educación fue la causa principal de su falta de confianza en sí mismos, comienzan a aferrarse al pasado tan pronto como descubren la causa raíz de su problema. Pero eso no te llevará a ninguna parte. De hecho, ralentizará tu travesía de autoconfianza.

Algunas personas también culpan su falta de confianza en el hecho de que fueron abusados a una edad temprana. Por supuesto, el abuso de cualquier tipo puede dañar a una persona y dejarla con cero autoestima. Si ese es tu caso, sinceramente simpatizo contigo. Pero si te vas a sentar y llorar por la leche derramada, le darás a tu abusador una ventaja sobre ti por segunda vez. Te tomaron por sorpresa la primera vez que te atacaron, pero ahora eres completamente consciente y será tu culpa si permites que lo que te hicieron sea el factor determinante del curso de tu vida. No les des poder sobre ti por segunda vez. No te lamentes por la vida mientras tu abusador ni siquiera se da cuenta. Levántate y hazte cargo de tu vida directamente en sus caras. Fuiste creado para más y tu pasado no puede detenerte. Siempre cree eso.

Está bien que conozcas la causa de tu problema para que conozcas la mejor estrategia sobre cómo abordarlo. Eso es todo para lo que necesitas esa información, no para comenzar a señalar con el dedo y asignar culpas. Tu vida es tu negocio y debes asumir toda la responsabilidad. Nadie puede ser tan serio como tú en su propio negocio, sin importar cuánto te quieran. Esa es una cosa que nunca debes olvidar. Sé que en nuestro mundo moderno hubiera sido más apropiado si te dijeran que no es tu culpa solo para hacerte sentir bien contigo mismo.

Sin embargo, si te hago sentir bien adornando o cubriendo tu problema, créeme, no soy tu amigo. Cualquiera que no te diga que asuma toda la responsabilidad de tu vida, independientemente de lo que te haya sucedido, no te está ayudando en absoluto. Y estoy dispuesto a ayudarte mostrándote cómo puedes ayudarte a ti mismo.

Además de aferrarse al pasado, otra forma en que algunas personas traen a otras personas a su travesía de autoconfianza es tratando de convencer a los demás para que se sientan mejor consigo mismos. Muchas personas hacen esto. Cuando ven a personas que tienen lo que ellos mismos han estado ansiosos por conseguir, comienzan a odiar a esas personas y tratan de hablar mal de ellas. Como mujer, cuando ves a otra mujer que publica una foto de sí misma llevando un bolso que siempre has deseado. ¿qué haces? ¿aprecias el diseño y esperas que algún día puedas conseguir el tuyo o empiezas a decir que el bolso que la otra mujer tiene es imitación?

Estoy puede escucharse tonto, pero es lo que muchas personas hacen. Nunca serán seguros de sí mismos. Ellos necesitan desmoralizar a otros primero antes de que ellos mismos puedan crecer. Pero lo irónico es que así nunca lograran crecer. Nunca lograrás crecer al desmoralizar a otros. Existen algunas reglas que guían el universo y cualquiera que las obedezca y aplique bien los principios progresará independientemente si es tu enemigo o no. El mundo no gira a tu alrededor. Lo siento si me escucho rudo, pero necesitas saber la verdad. Y lo triste de esto, es que las personas que se comportan de esta forma no están conscientes de cómo esto daña su autoestima en el lugar de nutrirla. Cuando dedicas tiempo a pensar cosas negativas de las vidas de otros, inviertes tu tiempo de la forma incorrecta y ese pensamiento negativo también afectará tu propia vida. A continuación, algunos ejemplos de cómo puedes sacar a otras personas de tu travesía de autoconfianza:

Sé Abierto Al Amor: Si tu primera reacción hacia las personas es amarlos, entonces tu tendrás la tendencia de ver primero lo bueno en ellos y no tendrás tiempo de crear ninguna imagen negativa. Siempre abre tu corazón al amor indiferentemente de la clase de las personas, el género o raza. Cuando amas a las personas, estás dispuesto a darles una oportunidad y no juzgarlos incluso cuando cometen errores. Las otras personas no son la solución a tus problemas ahora; la solución se encuentra adentro de ti y si vas a invertir tiempo culpando a otros, nunca vas a lograr tener autoconfianza. Habrá mucha negatividad en tu corazón como para dejar entrar la confianza. Si quieres ser lo mejor para ti, entonces también debes intentar ver lo mejor en otros.

Celebra con Otros: Celebrar con las personas cuando ellos están celebrando y tu deliberadamente abres tu mente a las vibras positivas y cierras cualquier negatividad. No seas envidioso de las otras personas solo porque son más seguros que tu o tienen lo que tú siempre has deseado. Tú puedes obtener lo tuyo también. Te puedes convertir en alguien seguro al igual que ellos, incluso más. Solamente debes preparar a tu corazón y estar dispuesto a las vibras positivas que deseas.

Evita Los Chismes Dañinos: Si alguien se acerca a ti para hablar mal de otras personas, deberías de decirle que no estas interesado en chismes. Esto no es tan fácil como suena. A la persona promedio le gusta el chisme. Pero si vas a invertir tu tiempo escuchando cosas negativas de las vidas de otros, ¿qué tiempo tendrás para pensar en tu propia vida? Y la cuestión con oír chismes es que te verás en la tentación de contárselo a alguien más y entonces te convertirás en un canal de información negativa. Entonces, harás bien al detener el flujo de información al negarte a hablar sobre otras personas a sus espaldas.

Evitas a las Personas Negativas: No, tu no vas a pelear con las personas ni nada por el estilo. Solamente trataras de mantenerte alejado de las personas negativas porque tienen una mala influencia en tu mente. Pueda que existan amigos, parientes o incluso familia cercana que representarán un obstáculo en tu travesía de autoconfianza. Recuerda que la autoconfianza es algo personal, entonces no tienen que discutirlo con tus amigos.

Pero por mucho que trates de remover tu mente de la negatividad y limpiar tus pensamientos de las vibras negativas, puede que aún haya personas a tu alrededor que pienses que tú no eres lo suficientemente bueno y te están desmoralizando. De esas personas es de las que tienes que alejarte. Algunos pueden decir cosas sin el propósito de lastimarte, pero tu mente no analiza sus intenciones, solamente registra comentarios negativos. Veamos el caso de Ricardo:

Ricardo era hijo único de una familia de clase media. Él tenía las cosas básicas que necesitaba y también tenía algunos amigos con los que pasaba el tiempo en la escuela. Siempre mantuvo los mismos amigos en la escuela porque al momento que llegaba a la casa de sus padres no le permitían salir. Por lo tanto, él siempre quería ir a la escuela.

Pero había un detalle que necesitaba ser atendido acerca de la relación de amistad con los jóvenes de la escuela. Tú sabes cómo los jóvenes, especialmente los amigos, se burlan unos de otros y hacen bromas de todo. El grupo de Ricardo era así, y él siempre era el centro de sus bromas grupales. Ellos siempre le decían débil y se burlaban de sus errores. Recuerda, te dije anteriormente que muchas veces las personas no tienen la intención de darte vibras negativas. Los amigos de Ricardo no tienen una intención negativa. Solamente estaban siendo jóvenes.

Bueno, existiera una buena intención o no, el efecto de esas conversaciones negativas se comenzar a manifestar en la vida de Ricardo y la forma en la que él lidiaba con las personas. Él se convirtió en alguien tímido y temeroso de probar cosas nuevas porque no quería fallar. Cuando cometía errores él escuchaba en su mente las risas de sus amigos.

Sus padres notaron el cambio de su hijo, el cual empezó cuando inicio a asistir a su escuela actual, pero ellos no entendían cuál era el origen del problema. Como padres ellos intentaron de hacer lo mejor. Entonces, era un poco difícil entender por qué tenía tan baja autoestima. Lo bueno era que su mama, Nora, era psicóloga; ella empezó a indagar la raíz de la causa del problema de su hijo.

La mama de Richard comenzó a hacer preguntas. Ella comenzó a preguntarle a su hijo acerca de lo que usualmente le pasaba en la escuela porque ese era el lugar en donde él pasaba más horas durante la semana. Al inicio, Ricardo no quería decir nada porque no quería meter en problemas a sus amigos de la escuela. Nora rápidamente se dio cuenta que ese era el problema.

El primer paso que tomó, fue sacarlo de esa escuela y que cortara comunicación con sus supuestos amigos. Y cuando lo inscribieron en una nueva escuela, ella pidió que se le prestara mucha atención a su hijo para evitar acoso escolar verbal o incluso físico. Ella hizo algo más que hablar con Ricardo y lo inscribió en actividades para subirle el ánimo y que regresara a ser él mismo.

En tu travesía de la autoconfianza, una forma de asegurar que seas responsable de tu propia vida es evitando interacciones con personas negativas. No puedes alcanzar mucho en tu travesía de autoconfianza si estás rodeado de vibras negativas. Y sabías que el acoso no solamente sucede en escuelas o a otros jóvenes como Ricardo en el mundo. Los adultos también sufren de acoso. Cada vez que la sociedad quiere que hagas algo que no deseas hacer, estas siendo acosado. Y la pregunta es ¿cómo respondes a los acosadores? Te das por vencido y haces lo que ellos quieren todo el tiempo, o te levantas y los confrontas. Piénsalo.

Al final, ellos nunca serán responsables del resultado de tu vida. Tienes que dejarlos afuera de esto y hacerte cargo de tu propia vida.

Afirmaciones de Confianza: Creo en mí y en mi capacidad de hacer lo que sea que me proponga. Soy capaz de hacerme cargo de mi vida a pesar de lo que los demás estén haciendo. Soy el amo de mi vida. Confío en mí.

Capítulo Doce

Corre, Toma Agua, Duerme

Cuando la salud está ausente, la sabiduría no puede revelarse, el arte no puede manifestarse, la fuerza no puede luchar, la riqueza se vuelve inútil y la inteligencia no se puede aplicar.

—Herophilus

La travesía de la autoconfianza empieza y termina en la mente. Pero, en medio, existen ciertos aspectos físicos de tu vida que deberías de ordenar si quieres un cambio total. Cuando las personas te ven, ellos no ven tu mente, ven tu cuerpo. Algunas personas dicen que la apariencia física no importa, sino que lo que importa es lo que está adentro. Lo siento, pero eso es mentira. Todos los aspectos de tu vida importan y deberías prestarles atención.

La falta de autoconfianza no siempre resulta por un acontecimiento de la niñez. Muchas veces es el resultado de ciertos aspectos de tu vida actual que has ignorado. Cualquier área de tu vida es tan importante como el resto. Vamos a revisar las áreas que usualmente las personas descuidan con regularidad y vamos a explorar las formas en las que puedes hacerte cargo de ellas.

Presta atención a los puntos a continuación. Si puedes relacionarte con alguno de ellos y has estado incumplido en cualquiera de las áreas que se menciona, no dudes en comenzar a hacer algo inmediatamente para cambiar la historia. Cada punto tendrá una lección para ti. Y si aún no tienes un lápiz y cuaderno en donde has estado anotando algunos puntos de este libro, este es el momento para tomar un cuaderno. Será algo muy práctico y quiero que participes activamente. Recuerda, este es un libro de trabajo, se espera que hagas algún trabajo. Entonces, empecemos:

Los hábitos de alimentación: cuando escuchas a las personas decir, "tú eres lo que comes" ¿qué viene a tu mente? ¿qué significa para ti? ¿prestas atenciones a eso? Esa frase tiene tal significado que nunca deberíamos perderla de vista. Sí, tú eres lo que comes. No hay nada que introduzcas a tu cuerpo a través de la boca que esté aislado; todo lo que ingieres influencia en tu salud y la forma en la que tu cuerpo funciona.

Debido a lo ocupadas que se mantienen las personas, especialmente en el siglo veintiuno, buscamos comidas que su preparación no nos tome mucho tiempo. Los negocios de comida rápido seguirán creciendo mientras nos apresuramos a llegar a la tumba. Ya nadie tiene tiempo para comidas hechas en casa, estamos muy ocupados. Pero olvidamos que, sea lo que sea que pensemos que estamos ocupados haciendo, necesitamos estar sanos y vivir lo suficiente para disfrutarlo. Ese hecho apenas nos pasa por la cabeza mientras vamos de un restaurante de comida rápida a otro.

Los científicos de alimentos y profesionales de la salud insisten en que deberíamos prestar atención al tipo de comida que comemos; que deberíamos evitar la comida rápida y elegir comida saludable. Pero mientras estamos atrapados en la dulzura de las comidas procesadas, también quedamos a la merced del agricultor moderno. Pero debe haber una salida. Por lo menos, deberíamos evitar la comida que son claramente comida chatarra. No le estamos habiendo bien a nuestro cuerpo al alimentarlo con chatarra.

La cultura de la dieta continúa evolucionando. Hoy en día nos dicen que comamos esto, mañana nos dicen que esa comida ya no es buena para nosotros y nos ofrecen otra. Las personas cambian de una a dieta a otra y sus cuerpos no tienen ningún patrón que seguir. Más y más personas se están convirtiendo en obesos y el otro resto de personas están en un plan de pérdida de peso, todo por las cosas que permitimos que ingresen a nuestro cuerpo.

Te estarás preguntando qué tiene que ver la comida con la autoconfianza. Mucho, de hecho. De acuerdo con qué tan saludable eres determina tu nivel de autoconfianza. Cuando sabes que estás haciendo lo correcto, estarás orgulloso de ti. De allí proviene la confianza. Cuando comes la comida correcta, no estarás enfermo todo el tiempo y no invertirás dinero y tiempo en cuentas de hospitales.

Cuando tienes sobrepeso, en especial por comer, definitivamente tu nivel de confianza se verá afectado. Vivimos en una sociedad que no acepta la gordura. El "peso ideal" nos lo presentan como las bellezas que vemos en las portadas de revista. Sabes esto y cuando ves que tu cuerpo es totalmente diferente a lo aceptado, definitivamente te sentirás desmotivado. Es por eso por lo que necesitas prevenir tales situaciones al comer correctamente y comer las cantidades adecuadas y en los tiempos adecuados. Eso sí, ser obeso no es del todo malo. Hay algunas personas que naturalmente son gorditos y sería preocupante que empezaran a adelgazar. Esas no son el tipo de personas por las que estamos preocupados. Estoy hablando de las personas que claramente tiene sobrepeso. Cuando observas que pasan de pesar 60 libras a 150 libras. Eso no es saludable y siempre debe cuidarse para evitar lastimar tu autoestima.

También tenemos, en el otro extremo del espectro, las personas que se saltan comidas como resultado de estar muy ocupadas o porque son anoréxicas. De la misma forma en que debes tratar de no tener sobrepeso, también debes evitar estar por debajo de tu peso saludable. El tamaño de tu cuerpo debe ser proporcional de acuerdo con el IMC. Ese es el estándar.

La importancia de la alimentación saludable no puede ser sobre enfatizada. Cuida tu salud, empezando por lo que comes. Estarás agradecido con el resultado.

Ejercicio: para tener un bienestar físico y mental, necesitas no solamente considerar la comida que ingieres sino también tu estado físico. Muchas personas no quieren escuchar nada acerca del ejercicio; ellos prefieren permanecer fuera de forma que levantar un dedo. Pero el cuerpo humano no fue hecho para permanecer estático. Y, fíjate, el ejercicio no es solo para aquellos que quieren perder peso. Algunas personas delgadas afirman que no están luchando con la grasa y, por lo tanto, no necesitan hacer ejercicio, pero eso es simplemente delirante. Todos, ya sean gordos o delgados, deben estar en buena forma física y la única forma de hacerlo es con ejercicio regular.

La vida moderna fomenta los estilos de vida sedentarios y en estos días con la tendencia de que muchas personas trabajan desde casa, tendremos más casos de obesidad en el futuro cercano si las personas no comienzan a hacer lo correcto ahora.

Algunas personas no hacen ejercicio porque han construido algunos mitos en torno a todo el ejercicio. Piensan que deben vestirse adecuadamente e ir al gimnasio antes de que puedan hacer ejercicio. Algunos incluso piensan que a menos que hagan al menos 30 minutos de entrenamiento intensivo, no han hecho ejercicio realmente. Pero eso no es cierto y si piensas de esta manera, deberías eliminar esa excusa ahora mismo. No es necesario estar vestido especialmente, ni siquiera necesitas ir al gimnasio. Puedes quedarte en tu casa, hacer algunos minutos de ejercicio todos los días o algunos días de la semana y estará bien. Te lo estoy desmitificando en este momento y espero que te levantes y comiences a hacer algo.

Puedes obtener una aplicación de ejercicios de Internet si necesitas algún tipo de guía, pero eso no es obligatorio. Si bien estas aplicaciones pueden ser útiles, también pueden disuadirlo de hacer ejercicio si insistes en seguirlas estrictamente. Cualquier paso que omitas puede hacer que parezca que necesitas comenzar de nuevo. Pero el objetivo aquí no es seguir la aplicación, es mantenerse en forma y no es necesario seguir una aplicación estrictamente para mantenerse en forma.

Por cierto, si tienes alguna característica física de la que no estas orgulloso, tal vez una barriga grande o caderas pequeñas, puedes hacer algunas modificaciones mediante un entrenamiento constante e intenso. En lugar de permitir que tal característica te robe tu confianza, puedes hacer que sea lo que prefieras. De lo contrario, trata de apreciar tu cuerpo como es. No tiene que parecerse a cómo la sociedad quiere que se vea. Como dice el refrán, sé tú mismo, el mundo se ajustará.

Algunas personas con sobrepeso también han sido víctimas de oradores motivacionales que les dicen que no es necesario cambiar ni una cosa, que ellos son hermosos tal y como son, y que el mundo se ajustará. Mientras que eso puede sonar muy bien, no deberías tomarlo tan enserio. Ya sea que seas hermosa o no, no tienes por qué tener sobrepeso; si no es por otra cosa, por razones de salud. Puedes evitar la diabetes o alguna enfermedad del corazón al quemar grasa, así como mantener estables tus niveles de azúcar. Esto es algo que deberías de hacer por ti mismo sin esperar a que alguien más te diga que lo hagas. Puedo apostar que esta no es la primera vez que te animan a comenzar a hacer ejercicio. Pero siempre postergamos cuidar nuestra salud; lo dejamos de lado para una fecha posterior. Eso debería parar ahora.

Los beneficios del ejercicio regular son numerosos. Desde tu apariencia física hasta tu salud mental y tu estado de ánimo diario, el ejercicio puede marcar una gran diferencia positiva. El ejercicio regular aumenta tu confianza, y esto no toma mucho tiempo para suceder. Inmediatamente después de que terminas de hacer ejercicio, te sentirás bien contigo mismo.

Antes de continuar, me gustaría que literalmente hagas algo de ejercicio ahora. Pon este libro a un lado y ve. Si tienes una cuerda para saltar, puedes saltar. O puedes correr. Simplemente haz algo que sacudirá tu cuerpo. Cuando haces ejercicio, el objetivo debe ser hacerlo hasta sudar. Puede tomar unos 10 minutos, pero no hagas el tiempo demasiado estricto o tu cerebro se rebelará contra él. Entonces, adelante y haz ejercicio. después regresas a este libro. Voy a estar esperando.

Quiero creer que estás sudando profusamente ahora por el breve ejercicio que acabas de hacer. Entonces, debes darte una ducha rápida antes de continuar.

Ahora, ¿cómo te sientes? Apuesto a que te sientes genial. Y estoy asumiendo seriamente que no seguiste leyendo sin seguir las instrucciones. Te estarías haciendo autosabotaje. Si te tomas en serio aumentar tu autoconfianza y realmente obtuviste este libro para ese propósito, deberías poder realizar un pequeño ejercicio que te hará sentir bien contigo mismo. El ejercicio es por tu propio bien. Ámate lo suficiente como para darle a tu cuerpo lo que se merece.

Toma Agua: esto es algo muy simple de hacer, sin embargo, lo más descuidado de todas las cosas. Muchas personas toman agua únicamente cuando tienen sed. 60% del cuerpo está compuesto de agua y necesitas tomar al menos tres litros de agua diariamente para mantener un buen nivel de hidratación. Si no estás acostumbrado a tomar suficiente agua, puedes empezar ahora, hay formas fáciles para empezar.

En lugar de llevar un vaso al dispensador de agua cada vez que tengas sed, una mejor manera es tener una botella de agua de la que beberás y volverás a llenar cada vez que te la acabes. De esa manera, no tendrás que ir al dispensador de agua todo el tiempo. Sé que los humanos somos naturalmente perezosos y siempre encontraremos excusas para no hacer lo correcto, por lo que el simple hecho de extraer agua del dispensador podría convertirse en una tarea. Entonces, toma una botella y bebe de ella.

También puedes obtener más de una botella, al menos dos o tres, y reducir aún más la cantidad de veces que vas al dispensador de agua. Otro beneficio de usar botellas de agua es que pueden ayudarte a rastrear la cantidad de agua que tomas en un día. Por ejemplo, si usas una botella de 1 litro, puedes darte cuenta fácilmente de que cuando bebes tres de esas botellas en un día, has tomado el requisito mínimo para el día.

Algunas personas toman mucha agua todos los días, pero desafortunadamente, el agua no compensa ni siquiera el 40% de la ingesta de fluidos. Algunos toman mucha agua gaseosa; otros toman alcohol. Y los chistoso es que vemos que algunas personas alardean de que no pueden vivir ni un solo día sin tomar Coca-Cola. ¿por qué somos tan descuidados con nuestra salud? ¿por qué damos por sentado que podemos hacer cualquier cosa que queramos, introducir cualquier cosa a nuestros cuerpos y salir victoriosos? ¿por qué no podemos alardear también acerca de la cantidad de agua que tomamos? Ahora más que nunca, es difícil mantenerse alejado de bebidas no saludables. Todos los días, los científicos alimenticios investigan cómo hacer para que la comida no saludable sea más atractiva para nosotros. Crean sustancias adictivas y las ponen en nuestra comida y bebidas para hacerte regresar por más. Y lo triste de esto es que la mayoría de las personas ignoran este hecho y solamente siguen la corriente. Ellos piensan que están en control de sus elecciones, decisiones, especialmente cuando se refiere a la comida, pero han sido manipulados por la industria alimenticia.

Existe un secreto que debes saber acerca de la comida y drogas en la sociedad. Y el secreto es que tu interés como consumidor no es lo primero que es considerado. Es primero el negocio. Lo que las personas que venden comida quieren es ganancia, entonces harán lo que sea necesario para que regreses a comprarles, incluso si eso significa hacerte adicto a la comida que producen. No les importa lo que la comida puede hacerte, únicamente quieren mantenerse en el negocio.

Y esto se reduce al hecho que debemos evitar comidas procesadas lo más que podamos. No se puede confiar en ellas. Por mucho que intentes, trata de estar en control de lo que comes y bebes. Muchos consumidores no tienen esta información, pero tú ahora la tienes y de ahora en adelante debería de hacer una diferencia en la comida que consumes y eliges. No remplaces el agua con otras bebidas. Cuando decidas tomar agua, será difícil al inicio, pero con el tiempo te acostumbraras y no se te antojará tomar nada más.

Hay algo más que sucederá cuando comiences a tomar agua, y es que reduce los antojos por la comida chatarra. De hecho, cada vez que se te antoje tomar aguas gaseosas, toma agua primero y te darás cuenta de que lo único que tenías era sed. Cuando te empieces a alejar de las aguas gaseosas, con el tiempo se te olvidará el sabor.

Duerme un Poco: ¡Oh si, duerme un poco! ¿Qué tan ocupado te mantienes? ¿trabajas de 9 a 5? ¿trabajas desde casa? Mientras que trabajar de 9 a 5 puede ser estresante en la mayoría de los casos, trabajar desde casa puede ser peor porque algunas personas pierden la noción del tiempo y trabajan de más. Pero ese no es el problema en este caso. Ya sea que vayas de tu casa a la oficina, necesitas asegurarte de poner en tu calendario el descansar todos los días.

Algunas personas esperan ese momento del año cuando toman vacaciones. Se saturan de trabajo por once meses y luego tratan de compensarlo con tomar un mes de vacaciones. Pero ya han acumulado estrés antes de que su cuerpo se acostumbre a estar de vacaciones, ya tienen que regresar al trabajo. Deberías saber que incluso si trabajas para alguien más y tienes un jefe estricto, esa oficina continuará, aunque tú te mueras algún día. Por lo tanto, sería una tontería que arriesgaras tu vida porque quieres ser el mejor empleado. Trabaja duro, pero siempre debes descansar cuando estas cansado. Si eres bueno en lo que haces, nadie debe reprocharte porque necesitas descanso.

La mejor forma de descansar es dormir. Allí es cuando puedes apagar tu mente por completo. Algunas personas dicen que están descansando del trabajo, pero están viendo televisión, navegando por internet o jugando en redes sociales. Realmente, eso no es descansar. Tu cuerpo necesita descanso y tu mente también, de esa forma te mantienes energizado. Nunca debes dar esto por sentado, No sé porque algunas personas alardean del hecho que no duermen de noche. ¿enserio? ¿cómo eso te ayuda? queremos que el mundo nos vea como personas trabajadoras y que por eso preferimos trabajar que dormir. ¿cómo hace eso sentido? las personas a las que estás tratando de impresionar están ocupadas durmiendo lo suficiente. Tú deberías tener 8 horas de descanso en el día. Pero, no importando qué tan ocupado puedas estar, nunca pierdas en tener por lo menos 5 horas de sueño. Necesitas tener de buena salud para tener autoconfianza. Si sabes que tienes mala salud, no puedes hablar con alguien sobre tener buena salud. Las personas seguras tratan de hacer lo correcto en todas las áreas de sus vidas. No son perfectos, pero tratan. No se preparan para dar excusas. Quiero que tengas esa actitud de confianza. No puedes convertirte en una persona segura de ti misma si eres perezoso para tomar acciones que ayuden a construir tu autoconfianza.

Desarrolla Tu Mente: alimentarte correctamente, tomar suficiente agua, hacer ejercicio y dormir lo suficiente contribuirá a desarrollar tu mente. Existe, sin embargo, algo más que puedes hacer también. Ser consciente del tipo de contenido que consumes. No dependes únicamente de la chatarra que lees en redes sociales. Ten algún tipo de control sobre el contenido que entra a tu mente. Recuerda, eso construye tus pensamientos y posteriormente tus acciones. No hay otra forma de hacerlo.

¿con qué frecuencia lees libros? ¿qué tipo de películas ves? ¿a qué canales de YouTube estas suscrito? ¿qué tipo de blogs visitas? Esas son las cosas que te forman y este hecho. Nada pasa aislado. Todo está conectado y es una red de lo que te hace quién eres. Tu nivel de autoconfianza depende, a gran escala, del tipo de información que alimentas tu mente.

Además de tratar de evitar que la chatarra entre en tu mente, también debes tratar de desarrollar conscientemente tu mente seleccionando cuidadosamente buenos libros y películas. Pero te aconsejo que leas más libros que películas. Aprenderá mucho de las películas, pero leer es mejor porque agudiza tu imaginación y acelera tu pensamiento. Difícilmente puedes encontrar un pensador original que no sea lector. Hay muchas personas en las redes sociales jugando y perdiendo el tiempo; También hay otros que producen contenido de calidad. Esos son los pensadores, y apuesto a que no obtienen el contenido que producen al leer basura en las redes sociales. Pueden pasar algún tiempo en las redes sociales, pero siempre saben cuándo volver y estudiar un poco.

Una de las excusas favoritas que las personas dan para no desarrollar su mente a través de la lectura es que no tienen suficiente tiempo. Esa es la misma excusa que dan para no hacer ejercicio y para no prepararse para preparar comidas decentes. Pero siempre puedes administrar tu tiempo y hacer tiempo para hacer lo que necesitas hacer. Las personas siempre tienen tiempo para hacer cosas que son realmente importantes para ellos. Entonces, si priorizas el desarrollo mental, encontrarás tiempo para hacer lo que tienes que hacer. No puedes volverte completamente seguro de sí mismo si descuidas este aspecto de tu desarrollo. La verdad es que, ya sea que te levantes y actúes o no, hay personas que están listas para hacer lo correcto, y terminarás teniendo que competir con ellas. Es entonces cuando te darás cuenta de que no tienes la confianza suficiente porque no has hecho tu tarea. La sociedad prospera gracias a la supervivencia del más apto. El capitalismo es un fenómeno global y no hay lugar para la mediocridad. Cuanto antes te des cuenta, mejor para ti. Si eliges permanecer en el mismo nivel, tendrás que servir a aquellos que han trabajado duro en el desarrollo personal.

Afirmaciones de Confianza: Creo en mí y en mi capacidad de hacer lo que sea que me proponga. Estoy haciendo lo correcto en todas las áreas de mi vida. Soy el amo de mi vida. Confío en mí.

Capítulo Trece

Poseer Más Cosas No Aumentará Tu Autoconfianza

Demasiadas personas gastan dinero que no han ganado para comprar cosas que no quieren, para impresionar a personas que no les gustan.

—Will Rogers

Vivimos en una sociedad consumista donde lo bueno es comprar más cosas. Tienes un celular que funciona, pero sale un nuevo modelo al mercado, entonces dejas tu celular actual y te compras el nuevo. Tienes un buen carro, pero todo el mundo está loco por un Mercedes Benz entonces dejas tu carro y te compras un Mercedes. Tu clóset está lleno de ropa— incluso hay prendas que nunca te has puesto— pero como el famoso o famosa que admiras recién salió mostrando un conjunto nuevo, tienes que comprarlo y agregarlo a tu colección. ¿Por qué? Para sentir que encajas.

Esta es la realidad actual del ser humano promedio en la tierra. Nos falta lo básico: la confianza. Sentimos un vacío por dentro, entonces pensamos que, al comprar cosas, le vamos a gustar a la gente y nos van a admirar. Y sabes, son las personas inseguras las que siempre están añorando que otras personas los admiren. Todas estas cosas son externas y efímeras. El trabajo que debe hacerse se necesita hacer dentro de ti, no en la superficie.

Puedes vivir en una mansión, tener una flota de carros, tener cuantos accesorios quieras, tener toda la ropa de moda y aun así sentirte inseguro porque tu valor propio no viene de estas cosas y nunca pueden compensarla. No pueden ser nunca tu fuente de auto confianza. Yo desearía que la persona promedio pudiera llegar a aceptar este hecho. Eres quien independientemente de lo que tengas. Tu valor propio es independiente de tu cuenta bancaria o del número de cosas que puedes comprar. Esta actitud de juntar más cosas es la misma razón por la que muchas mujeres cubren su baja auto estima con maquillaje. Nunca son lo suficientemente seguras de sí mismas para enfrentar quien verdaderamente son.

Pero ¿sabías que tener menos cosas incluso puede llegar a darte la suficiente claridad para pensar solamente acerca de las cosas que verdaderamente importan en tu vida? ¿Has escuchado acerca del movimiento llamado Minimalismo, la práctica de ganar más a través de tener menos? Es un estilo de vida que cualquiera que quiere desarrollar auto confianza debería acoger.

Cuando te sientes cómodo con menos cosas, significa que ya no te pueden dominar las tendencias. Significa que estarás en control de las cosas que dejas entrar a tu vida. Esto es lo que una persona segura de sí misma hace. Cuando tus amigos te quieren presionar para que hagas algo que tú no quieres hacer o comprar algo que no que gustaría comprar, si has desarrollado la actitud de estar cómodo con menos cosas, no vas a estar perturbado por sus intentos por presionarte y vas a mantener tu paz y tu posición con total auto confianza. Y ¿adivina qué?

Esa es la cantidad de confianza que necesitas para salir adelante en nuestro mundo hoy en día.

Una de las razones por las que tendemos a comprar más cosas, incluso aquellas cosas que no necesitamos, es que siempre estamos compitiendo y comparando nuestras vidas con las vidas de otras personas. Siempre estamos tratando de dar la talla. Incluso cuando no estamos siendo presionados directamente por nuestros amigos para hacer cosas, ponemos presión en nosotros mismos cuando vemos lo que está pasando en la vida de las demás personas. No es que realmente quisiéramos un carro nuevo pero nuestro vecino se acaba de comprar uno, entonces pensamos que necesitamos comprarnos uno también. Competimos con las demás personas incluso cuando estas personas ni siquiera se dan cuenta de lo que pasa en nuestras vidas. Déjame contarte acerca de Jane y Michael.

Jane y Michael se casaron después de estar saliendo por apenas tres meses, y supongo que por eso fue por lo que nunca realmente se pudieron llegar a conocer antes de caminar al altar. Jane era una ama de casa a tiempo completo y Michael era financieramente responsable por los dos. Aunque, irónicamente, Jane era en el matrimonio la que siempre tenía algo nuevo que quería comprar. Se juntaba con otras mujeres millonarias que trabajaban en compañías multinacionales y siempre quería alcanzar los estándares de su estilo de vida.

Jane presionaba a su esposo para que le comprara los últimos gadgets. Tenía el último iPhone e incluso preguntó por una MacBook, de la cual claramente no tenía necesidad. No estaba trabajando. No era una escritora o ingeniera en sistemas, entonces no había ninguna razón por la que necesitara una MacBook que no pudiera hacer con su celular y con su Kindle, o al menos con una PC bastante más barata. Pero Jane le insistía a Michael, y finalmente, se la compró. Michael siempre trataba de evitar problemas, pero su verdadera debilidad era que no quería aparentar que estaba en la quiebra.

Esa es solo un ejemplo de una instancia en la actitud general de Jane en cuanto a consumismo. No sé cómo terminaron juntos porque tenían cero compatibilidades, pero no viene al caso en este tema. Siguieron así por años antes de tener un bebé. La llegada del bebé hizo que las cosas se pusieran todavía peor, pero Michael siguió aguantando el matrimonio. Siempre que su hijo tenía algún día libre de la escuela, Jane le pedía a Michael que reservara una habitación en uno de los hoteles más caros de la ciudad para que pudieran tener unas minivacaciones. Ella siempre reclamaba que fuera un tiempo para acercar a la familia, pero siempre que iban, pasaba la mayoría del tiempo interactuando con extraños en Instagram y buscando más cosas que comprar.

Michael gradualmente se estaba yendo a la quiebra, pero no se abría con Jane acerca de esto. No entiendo personalmente por qué permitía que su esposa tomara decisiones financieras para la familia cuando claramente no era buena haciéndolo. Él nunca se quejaba acerca del estado de sus finanzas porque quería demostrar que era capaz de cuidar a su familia. Y así fue como se fue yendo para abajo cada vez más. Eventualmente, adivinaste, se fue a la quiebra. Y lo que pasó a su matrimonio después va a ser un cuento para otro día.

¿Cómo analizarías a esta pareja? ¿Dirías que a uno o a ambos les faltaba confianza en sí mismos? Claramente a los dos. La mujer no se sentía segura en su estatus como ama de casa y quería ser como sus vecinas. Su esposo, por otro lado, que estaba agradecido y cómodo con lo que tenía, no tenía suficiente confianza en sí mismo para regañar a su esposa y lograr que juntos tomaran buenas decisiones financieras. La esposa quería alardear ante la sociedad; el esposo quería alardear ante su esposa. Él quería demostrarle que era capaz de proveer cualquier cosa que ella pidiera.

La realidad es que las personas hoy en día no sólo quieren cosas materiales, sino que cosas con las que puedan tener cierto tiempo de apego emocional. Por ejemplo, las redes sociales. Mucha gente joven hoy vive por la cantidad de "me gusta" que tiene en sus publicaciones. Muchos incluso han llegado a deprimirse porque no lograron los "me gusta" que esperaban. Esto puede sonar tonto, pero es verdad y es qué tan bajo puedes caer cuando tienes baja autoestima. Pero hacer que tu valor propio dependa de lo que pasa en una aplicación de computadora no es lo mejor que puedes hacer por ti.

Las personas están dispuestas de hacer un desastre con tu vida si tú les das el poder de hacerlo. La auto confianza es muy importante. Cuando la tengas, no vas a notar algunas de las cosas que te molestan hoy en día. No vas a hacer que tu valor propio se base en la reacción de otras personas hacia ti.

Deja de estar buscando validación en personas externas. No puedes controlarlo y no deberías tratar de controlarlo. Hazte cargo de tu vida y deja de estar esperando. El mundo no tiene la paciencia con las personas que no pueden hablar por sí solas. La gente en realidad sabe cuándo no eres seguro de ti mismo.

Y si tienes gente realmente mala a tu alrededor, van a hacer un chiste de tu vida y hacerte actuar con sus caprichos y antojos. Yo creo que tu no quieres darle a nadie más el poder sobre ti mismo. Tú dejarás de pedir validación y te harás cargo de tu propia vida.

El secreto número uno de la vida para vivir sin siempre estar observando la vida de otros es la alegría. ¿qué tan feliz y agradecido estás con lo que actualmente tienes? Mira, las cosas que necesitamos para sobrevivir en nuestra vida diaria realmente son muy pocas, pero siempre nos complicamos la vida buscando más cosas. Tú puedes mantener lo que tienes y dejar de estar viendo lo que los demás poseen.

Tú no estás en ninguna competencia excepto en tu mente. No te pongas presión innecesaria que te pueda robar tu confianza. Las personas seguras no son motivadas por lo que las otras personas están haciendo. Ellos hacen sus propias cosas y continúan con su vida sin estar copiando los estilos de vida de otros. Ellos son auténticos.

Afirmaciones de Confianza: Creo en mí y en mi capacidad de hacer lo que sea que me proponga. Se lo que valgo y no depende de la cantidad de cosas que poseo en mi vida. Soy el amo de mi vida. Confío en mí.

Capítulo Catorce

La Excelencia es Clave

Debemos llegar al punto de nuestras vidas. ¿cuál es el punto? Para convertirte en un nuevo tipo de hombre o mujer, que tiene dominio interno y excelencia externa.

—Vernon Howard

Lo que sea que determines hacer en la vida, la mentalidad con la que enfrentas esa cosa determinará el resultado. Algunas personas enfrentan cosas con media actitud. A ellos no les importa cuál será el resultado. Otros se toman el tiempo, ponen su mejor empeño y se aseguran de que el resultado que obtengan no sea derivado a algo que fallaron al hacer.

¿a qué categoría perteneces? ¿te encuentras dentro de los que no les importa? ¿o te encuentras entre los que siempre se aseguran de hacer las cosas con excelencia? Cualquiera que se quiere convertir en una persona segura de sí misma tiene que hacerse responsable de trabajar lo suficientemente duro para dar lo mejor que pueden. Veamos cómo las personas con autoconfianza se comportan en los diferentes aspectos de sus vidas.

Excelencia en lo Académico: Los estudiantes con autoconfianza trabajan duro porque saben que no van a hacer trampa en los exámenes y quieren obtener buenas calificaciones. Existe una correlación entre la falta de autoconfianza y la pereza. Una persona con autoconfianza usualmente no es perezosa, porque las personas perezosas dan muchas cosas por sentado. Los estudiantes con autoconfianza trabajan duro no solamente para aprobar exámenes, sino también para defender y aprender lo que han estudiado. No pierden su tiempo en trivialidades. Esa es la razón por la que las personas a su alrededor usualmente piensan que sus vidas están resueltas. Ellos son humanos ordinarios, pero lo que han hecho es construir una personalidad extraordinaria a través de la autoconfianza.

Excelencia en el Lugar de Trabajo: Ya sea que tú eres un empleado o dueño de un negocio, tu autoconfianza o la falta de ella siempre se manifestará en tu vida laboral. Si eres una persona de negocios que lucha por la excelencia, tu negocio seguirá creciendo. Si eres un empleado de excelencia, seguirás siendo promovido. Mientras que tus colegas mediocres están perdiendo el tiempo chateando y jugando en las redes sociales, tú te estarás esforzando al máximo y obtendrás resultados. ¿Hay alguna persona en tu oficina que pareciera tener la respuesta a cada pregunta y tiene la solución a cada problema? Las personas siempre acuden a ellos en busca de respuestas. Esa es una persona de excelencia. Y se necesita trabajo duro y esfuerzo deliberado para llegar allí.

Excelencia en el Hogar: Ya sea que eres un padre de familia, esposa, hijo o hermano, tú tienes un rol que cumplir al mantener la excelencia en el hogar. Como padre, tienes la tarea de hacer un hogar feliz. Debería de ser un lugar en donde los miembros anhelen llegar. Deberías criar a tus hijos para que se respeten unos a los otros en indiferentemente de la clase social, genero, religión, preferencias sexuales, o cualquier cosa que pueda generar división. Tienes la tarea de enseñarles lo bueno, o aprenderán lo incorrecto en la calle e internet.

Proporciona a tus hijos educación financiera a una temprana edad para que aprendan a manejar dinero incluso antes que empiecen a generar su propio dinero. Incluso si eres rico, no los conscientes con tu propio dinero. Cuida a tus hijos y proporciona sus necesidades, pero no les hagas sentir que la vida es color de rosa. Si lo haces, ellos sabrán la verdad de la forma dura.

Proporciona educación sexual en casa. Enséñales cómo cuidar su vida sexual y como respetar a las personas del sexo opuesto. Hazle saber que la violación y cualquier otra forma de abuso sexual es malo y es un crimen. Enséñales cómo estar conscientes. Cuando lo hagas, ellos no se confundirán cuando naveguen por internet y vean todo tipo de cosas locas que hay allí. También, déjales saber que la actitud loca por el sexo que tiene la sociedad no es la mejor forma de lidiar con el sexo. Hazles saber que el sexo conlleva muchas responsabilidades y deben estar listos para esas responsabilidades antes de iniciar su vida sexual.

También, ama a tus hijos. Esta presente física y emocionalmente para ellos. No los dejes en manos de niñeras todo el tiempo. Si sabes que estas muy ocupado, entonces quizá no sea el momento de tener hijos. Espera hasta que tengas suficiente tiempo para cuidar a otro humano antes de tener hijos. Ser padre es un trabajo. No lo hagas si no estas listo. La forma en la que los eduques será determinante en la calidad de hombres y mujeres que se conviertan en la sociedad.

Si eres esposa, tienes la tarea de amar y respetar a tu pareja. Eres un adulto y elegiste a esa persona, entonces deberías de cumplir esas expectativas y demostrarle que lo amas y aprecias. Cuando ambos decidieron estar juntos, sabían que eso significa estar juntos en las buenas y las malas, no siempre todo será bueno. Esto te ayudará cuando tengan días difíciles. Algunas personas inician una relación o matrimonios con la idea de divertirse todo el tiempo. Claro, habrá diversión, pero no olvides que habrá penas también.

La tasa de divorcio incrementa cada año debido a que las parejas son impacientes en tolerar uno al otro. Te has casado con alguien que ha crecido en diferentes circunstancias que las tuyas y ambos deben aprender a tolerarse y planificar el futuro de su familia. Si tienes hijos y no estás en paz, eso afectará a tus hijos. Y si eventualmente te divorcias, la probabilidad de que sus hijos no duren en las relaciones también será alta.

Si eres hijo o hermano, deberías saber que le debes amor y respeto a tus padres y hermanos, así como ellos a ti te deben amar y respetar. Obedece a tus padres y trata de no ser la discordia en la familia.

Cuando practicas excelencia en tu familia, estarás con la confianza que tu hogar está en orden. Hacer lo correcto impulsa tu confianza.

Sin embargo, debo mencionar que la excelencia no tiene que juzgarse comparando nuestros desempeños con el desempeño de otras personas. Incluso en la escuela, tu lugar en la clase no es tan importante como tus calificaciones personales. Pero muchas personas cometen el error de usar la vida de otras personas como el estándar para juzgar qué tan bien les está yendo en sus propias vidas.

La excelencia es competir, no con los demás, sino contigo mismo y tratando de ser mejor de lo que solías ser. Cuando te propones metas y las alcanzas, te propones metas más altas. Eso es medir tu progreso por tus actuaciones anteriores y es el mejor estándar de excelencia. Como padre, será muy injusto de tu parte comparar a tus hijos con los hijos de tus vecinos, especialmente si le dirás a tus hijos que a los otros niños les está yendo mejor que a ellos. Terminará aumentando la presión sobre tus hijos y tendrán un rendimiento aún peor de lo esperado.

La autoconfianza es algo personal, e incluso cuando estás tratando de construir tu autoconfianza a través de la actitud de excelencia, siempre debes recordar que es personal y no presionarte a ti mismo ni a tus seres queridos por lo que está pasando en la vida de otras personas. Incluso cuando compites directamente con otras personas, debes querer ganar, pero no debes tener la mentalidad de que debes ser el ganador, si no de que debes dar lo mejor de ti.

Para ser justos, si todos los que están en la competencia están calificados para estar en la competencia, entonces cualquiera se merece ganar. Podrías ser tú o podría ser otra persona. Entonces debes hacer lo siguiente: trabajar en ti mismo. Practicar bien y repetidamente. Cuando hayas terminado, ve a la competencia y espera ganar. Eso es todo. Tu preparación no debería estar basado en la mentalidad de que todos van a perder. Ese no es el espíritu. Esperando ganar y esperar a que los demás pierdan es lo mismo. Las personas con autoconfianza no basan su desempeño en qué tan bien o mal les va a los demás.

En pocas palabras, busca la excelencia, pero hazlo como una persona segura de sí misma que sabe que hay suficiente espacio en el cielo para que brillen todas las estrellas.

Afirmaciones de Confianza: Creo en mí y en mi capacidad de hacer lo que sea que me proponga. Tengo una actitud de excelencia. I haré mi mejor esfuerzo en todo lo que haga. Soy el amo de mi vida. Confío en mí.

Capítulo Quince

Practica el Auto-Perdón

Perdónate a ti mismo por todo aquello que crees que has hecho. En todo momento, tú has tenidos tus razones para las acciones y decisiones. Siempre has hecho lo mejor que has podido. Perdónate.

—Doreen Virtue

Acabamos de discutir la importancia que tiene la actitud de excelencia para la construcción de la autoconfianza. Sí, debemos luchar por la excelencia en todo lo que hacemos. Sin embargo, algunas personas pierden la magnitud de esto y si no obtienen el resultado esperado incluso después de dar lo mejor de sí, se culpan a sí mismos por eso.

No confundas la excelencia con el perfeccionismo. Nadie es perfecto; ni siquiera tú. Podemos hacer preparativos con extremo cuidado, y, aun así, no obtener los resultados esperados según nuestro esfuerzo. Y eso está bien. No bien en el sentido que es maravilloso, pero bien en el sentido que no debemos permitir que eso afecte nuestro valor. Puedes tratar otra vez y obtener mejores resultados.

A veces, lo que necesitamos no es perdonarnos a nosotros mismos por los malos resultados que estamos obteniendo, sino por que hicimos algo incorrecto. Por ejemplo, si has lastimado a alguien y luego has pedido disculpas y la persona te disculpa, quizá aun sientas que debes perdonarte a ti mismo porque nunca esperaste que esa conducta saliera de ti. Nunca podemos saber de qué somos capaces en determinadas situaciones hasta que experimentamos la situación.

No me malinterpretes, debería de existir cierta estabilidad en nuestro carácter a la cual las personas se puedan confiar, pero como a veces dicen "las cosas pasan".

Lo que hace una persona muy consciente de sí misma es estar constantemente en guardia para evitar que las cosas se salgan de control. En nuestra vida personal y en nuestras relaciones con las personas, somos susceptibles a decepcionarnos a nosotros mismos y a las personas que amamos. Cuando eso sucede, siempre debemos tratar de perdonarnos a nosotros mismos.

Actuar por debajo de tus propias expectativas en cualquier área de la vida es una forma muy rápida de perder la autoconfianza. Por lo general, nos vemos a nosotros mismos como infalibles, y cuando fallamos, nos avergonzamos de nosotros mismos, especialmente por lo que otras personas pueden decir sobre nosotros. Pero incluso las personas con las que puedes estar trabajando no son inmunes al fracaso. La confianza en uno mismo incluye tu capacidad de recuperarse sin importar lo que te haya sucedido. Y eso es perdonarse a sí mismo.

Perdonarse cuando se desempeña por debajo de las expectativas también lo ayuda a aprender a perdonar a otras personas cuando se portan mal. Incluso es bueno que cometas errores de vez en cuando para que sepas cómo se siente estar allí. Si lo haces bien todo el tiempo y nunca cometes errores, tendrás dificultades para empatizar con otras personas cuando cometen errores. Los juzgarás y les dirás que nunca harías eso. No puedes dar lo que no tienes. Cometer errores nos mantiene a todos en el nivel humano y nos ayuda a tolerarnos unos a otros. Si has estado allí y has hecho eso, entenderás mejor cuando alguien más haga lo mismo. Entonces, podemos decir que los errores nos ayudan a tener algún tipo de equilibrio en la vida.

Si tienes dificultades para perdonarte a ti mismo, también tendrás dificultades para creer en ti mismo. Sin embargo, es algo irónico, porque se supone que debes creer en ti mismo y en tus habilidades. Se supone que debes creer que lo harás bien. Pero al mismo tiempo, prepárate para perdonarte cuando no lo hagas bien. Creer en ti mismo y en tus habilidades incluye creer que eres capaz de cometer errores y que te perdonarás cada vez que lo hagas y te recuperes. Tus habilidades deben incluir la capacidad de perdonarte a ti mismo.

Si no te relajas un poco y te perdonas, definitivamente no debes esperar que otras personas te perdonen. Te contaré la historia de Cristina. Cristina era una niña muy bonita. Tenía el tipo de belleza que hacía que otras chicas se pusieran celosas. Todas las chicas querían ser ella y todos los hombres querían estar con ella. Sin embargo, ella creció en una familia disfuncional, donde fue criada por una madre soltera agresiva. Nunca conoció a su padre, pero por lo que escuchó, su madre debe haber sido tratada muy mal por él y aún no superaba el dolor.

No estaríamos compartiendo esta historia si solo se tratara sobre la madre de Cristina, pero la pobre niña tuvo que sufrir de lo que sea que sucedió entre sus padres. Su madre le transfirió la agresión y siempre la hizo sentir inútil. Ella amaba a su madre y haría cualquier cosa para ayudarla, pero sus experiencias cotidianas con su madre afectaron su mente de una manera que la perseguiría durante años.

Cristina era tan bonita que habrías esperado que ella fuera muy audaz, segura de sí misma. Pero ocurrió todo lo contrario. Ella siempre estaba a la defensiva y siempre estaba ansiosa por complacer a las personas a su alrededor. Su relación con la gente siempre tomó una espiral descendente. Cristina carecía de una cosa vital; carecía de la capacidad de amarse a sí misma. Y eso fue porque ella no sabía cómo hacerlo. No pudo amarse a sí misma porque no creció sabiendo lo que era el amor. Su madre no le modeló el amor, ni su padre ausente.

Y cuando no te amas, otras personas captarán la indirecta y te tratarán exactamente cómo te tratas a ti mismo. Te verán a través de las lentes con las que te miras a ti mismo. Si te amas a ti mismo, podrás enseñar a otras personas a amarte. La vida de Cristina fue una montaña rusa de diversas emociones durante tanto tiempo hasta que decidió hacerse cargo de su vida. Fue entonces cuando conscientemente comenzó a hacer cosas que le levantaron el ánimo y comenzó a aumentar su confianza.

Cristina hizo algunas sesiones con un terapeuta, examinó la raíz del problema y comenzó a abordarlo desde allí. Le tomó un tiempo, pero para cuando terminó, estaba lista para vivir la vida a su manera. Se mantuvo alejada de las relaciones por un tiempo y decidió aprender a amarse sola antes de buscar el amor de otro ser humano. Cuando volvió al juego de citas, tenía la suficiente confianza para saber qué quería y cómo conseguirlo. Tenía la suficiente confianza para no tolerar la falta de respeto de los hombres. ¿Y qué pasó cuando su nuevo novio vio la forma en la que ella se manejaba? Sabía que no debía hacerla sentir menos. Él la amaba por lo que era y ella lo amaba sin desvalorizarse.

Amarte a ti mismo adecuadamente atraerá energía positiva, y las personas que acudirán a ti también querrán amarte. Y, como dije antes, amarte a ti mismo implica perdonarte a ti mismo y siempre debes estar listo para hacerlo.

Afirmaciones de Confianza: Creo en mí y en mi capacidad de hacer lo que sea que me proponga. Me perdono por todas aquellas ocasiones en el pasado en las que me defraudé. Reconozco que soy humano y que no importa cuántas veces falle, intentare de nuevo, una y otra vez. Soy el amo de mi vida. Confío en mí.

Capítulo Dieciséis

La Autoconfianza No Es Arrogancia

La clase es un aura de confianza que es estar seguro sin ser arrogante. La clase no tiene nada que ver con el dinero. La clase nunca es asustadiza. Es auto disciplinada y auto- conocimiento. Es la seguridad que viene al haber demostrado que puedes conocer la vida.

—Ann Landers

¿Sabes cómo dicen que hay una línea delgada entre la genialidad y locura? También existe una línea delgada entre la autoconfianza y la arrogancia. Algunas personas piensan que una muestra de arrogancia significa que la persona arrogante tiene confianza. Hablan con la gente con falta de respeto y hacen lo que quieren hacer, y pueden salirse con la suya. Nos dicen que se aman a sí mismos y que no les importa lo que digan los demás. Tú ves a algunos de ellos con el título, "auto enamoramiento" en sus publicaciones en las redes sociales y no creen que no hacen nada malo.

Pero eso es muy lejano a la autoconfianza, y las personas que actúan así usualmente son personas inseguras que piensan que pueden cubrir su inseguridad detrás de una máscara de arrogancia. Y ese tipo de arrogancia es autodestructiva.

Lo triste de este fenómeno es que esas personas arrogantes usualmente tienen muchas personas a su alrededor que alimentan su ego y los alientan a continuar así. Ellos creen que, si las personas están de acuerdo con ellos, entonces están en lo correcto. Estas personas arrogantes siempre alejan a las personas razonables que les tratan de aconsejar o hacerles ver que su conducta es incorrecta. Ellos dicen que no solicitaron ese tipo de consejo, pero realmente no escuchan consejo de nadie. Cualquier persona sabia sabe que en el momento que dejas de escuchar consejo porque crees que ya sabes suficiente, es el momento en el que empiezas a cavar tu propia tumba. Nadie está por encima del consejo.

Todos cometemos errores y siempre podemos ser corregidos por personas que saben más que nosotros en otras áreas.

Un elemento importante de la autoconfianza es la humildad. Ser humilde ante los demás no es degradante en absoluto. En realidad, es enriquecedor. Las personas seguras de sí mismas saben que respetar a otras personas no las debilita. Pero las personas arrogantes siempre están ansiosas por demostrar que son mejores que otras personas. Incluso cuando las personas seguras ven a otras personas que son claramente mejores que ellas, no les afecta, y ese hecho no cambia su comportamiento hacia esas personas. No responden a las personas en función de su raza, su clase o su género. Saben que todas esas cosas realmente no importan.

Quiero que hagas una evaluación de tu carácter y comportamiento hacia los demás. ¿Eres una persona segura o simplemente arrogante? Cuando responda sinceramente a esa pregunta, sabremos desde dónde deberíamos comenzar realmente. La confianza en uno mismo es elegante; la arrogancia no lo es. Cuando tienes confianza en ti mismo y en tus habilidades, no necesita tratar de demostrar a las personas que tienes confianza. La confianza no es un acto que realizas, es algo que eres. Por eso lo exhibes todo el tiempo y en todos los casos. Las personas seguras no lo fuerzan, simplemente lo viven.

Afirmaciones de Confianza: Creo en mí y en mi capacidad de hacer lo que sea que me proponga. Se que la humildad me llevará a lugares que la arrogancia no podrá. Soy cuidadoso con mi carácter y cuido la manera en la que me relaciono con otros. Soy el amo de mi vida. Confío en mí.

Conclusión

Acabas de leer dieciséis capítulos de lo que necesitas saber y tener para desarrollar confianza en ti mismo. Si pudiste leer esto hasta el final y hacer todos los ejercicios, quiero felicitarte. Tienes lo que se necesita para ser una persona segura. Si también dijiste todas las afirmaciones en este libro, quiero que las repita al menos 21 veces en los próximos días. Estás preparando tu mente para una gran autoconfianza.

También debes tener en cuenta que hay muchas personas como tú que han leído un libro sobre la autoconfianza pero que aún no tienen la capacidad de creer en sí mismos y en todo lo que pueden hacer. Esto se debe a que esperaban que el libro fuera la solución a todos sus problemas. ¿qué puedes hacer para evitar ser ese tipo de persona? tomar acciones.

Es posible que debas utilizar esto no solo como un libro de trabajo, sino también como un manual de autoconfianza. Puedes seguir haciéndolo mientras avanzas en tu vida diaria y en tus interacciones con las personas hasta que hayas dominado el arte de la autoconfianza. La palabra clave, sin embargo, es acción. Toma acciones hoy.

La procrastinación es la principal causa de muerte de los sueños, pero solo puede matar tus sueños cuando le das el poder para hacerlo. Una persona segura de sí misma siempre está ansiosa por hacer lo correcto en el momento adecuado, y eso implica superar la procrastinación. He pasado varios capítulos hablando contigo sobre cómo desarrollar la autoconfianza y debería hacer una pausa aquí en este momento y dejarte practicar lo que has aprendido.

Estoy feliz de haberte guiado en este viaje y espero que tengas tanta confianza en ti mismo que comiences a enseñar a otras personas a tener confianza en sí mismos.

Cuídate

Taylor Knox